山陰文化ライブラリー 17

古代出雲ゼミナール Ⅶ

―古代文化連続講座記録集―

島根県古代文化センター 編

ハーベスト出版

はじめに

日々刻々と研究が進む古代史研究の成果を一般の方にわかりやすくお伝えするために創刊した本シリーズもご好評をいただき、七冊目を刊行することができました。

今回は、第一部に令和元年八月に東京都内で開催した「古代出雲文化シンポジウム・出雲と大和――ヤマト王権成立前夜――」の模様をまとめました。出雲と大和、そして吉備という、古代日本形成の鍵を握る三地域について、祭祀の形態、社会の様子や、三者の絡み合いを、考古学の最新の成果を交えつつ、先生方に語っていただきました。

第二部は、古墳時代を中心とした出雲と大和の関係史をテーマに大阪市内で開催した講演会のご紹介です。博捜された膨大な考古資料をもとに、第一講は玉の穿孔技法、材質などミクロな部分に注目しつつ、背景にある人の動き、出雲と王権の関係に迫ります。第二講は埴輪を切り口とし、出雲や近畿地方における埴輪の移り変わりの背景に、出雲・大和両地域の関係の変化を読み取ります。

第三部では東京で開催した講演会の内容を収めました。第一講は邪馬台国時代の出雲と大和にフォーカス、従来重く見られなかった学説を文字通り掘り起こしながら、魏志倭人伝に記された西日本の動き、ダイナミクスを生き生きと浮かび上がらせます。第二講は、本書では最も古い縄文時代までさかのぼり、東から西へ、西から東への大きな文化の流れを描き出します。

今回も多彩な講師陣から、最新の古代史研究について解説いただきました。皆様の知的好奇心が満たされれば幸いです。

島根県古代文化センター

目次

■本書は令和元（二〇一九）年度に島根県が開催したシンポジウム及び連続講座の講演録です。

■本書に掲載した講座の開催場所等は以下のとおりです。

第一部　シンポジウム「出雲と大和―ヤマト王権成立前夜―」

主催：島根県／島根県教育委員会　会場：有楽町朝日ホール

第二部『島根学講座ＩＮ大阪』

主催：島根県（商工労働部観光振興課・島根県古代文化センター・島根県大阪事務所）

会場：大阪歴史博物館

第三部『島根県古代文化講座　出雲とヤマト』

主催：島根県古代文化センター

会場：日比谷コンベンションホール

■講師の所属・職名は講演日時点のものです。

■掲載写真のうち、特に注記がないものは島根県古代文化センターの撮影・所蔵です。

【第1部】出雲と大和 ―ヤマト王権成立前夜―

吉備から見た古墳出現期の出雲と大和

（基調講演）

松木武彦 先生

一、弥生時代後期の出雲と吉備

みなさん、こんにちは。国立歴史民俗博物館の松木武彦と申します。今は国立歴史民俗博物館（千葉県佐倉市）に勤めていますが、六年前まで岡山大学で考古学の教育・研究に携わってまいりまして、現在でも吉備が私のフィールドといえる場所なのです。

吉備というのは、出雲とも大和とも大変つながりが深く、今日は、この吉備からの視点を梃子にしまして、出雲と大和の古墳出現期の歴史について、考古学から見てみたいと思います。

古墳出現期というのは、年代でいいますと三世紀で、その前半は邪馬台国の時代です。邪馬台国ができる前は、倭国が大いに乱れた（「倭国乱」ないし「倭国大乱」）という歴史事象が中国の書物に記されております。倭国乱をまとめるために、女王卑弥呼が各地の有力者によって擁立をされたというのがヤマト政権の成立の経緯ですので、この経緯の中で、吉備から見て、出雲と大和はどのように動いたのだろうかというお話になっていきます。

まず**図1**を見ていただきたいのですが、今お話しした倭国乱以前の青銅器祭祀と墳墓祭祀です。**図1**で雲のようにかけたグレーの部分が、青銅器、銅鐸や銅矛など、伝統的な青銅器のお祭りをずっと続けていた地域です。

青銅器のお祭りというのは、みんなで行う祭りです。お祭りのための司祭者のような人はいたと思うのですけれども、お祭りの道具となった青銅器は、最終的に村外れに埋められる。ですから、主人公がいないお祭りなのです。これをとても分かりやすく言うと、そういうお祭りで社会をまとめているような形の「共和政」と言ったら良いかもしれません。**図1**からは、九州北部や近畿や東海が共和政的な地域だったことがわかります。

松木武彦（まつぎ・たけひこ）**先生**

国立歴史民俗博物館教授
1961年、愛媛県生まれ。大阪大学大学院文学研究科博士課程単位修得退学。博士（文学）。専門は日本考古学。著書に『日本列島の戦争と初期国家形成』（東京大学出版会）、『列島創世記』（小学館）、『進化考古学の大冒険』（新潮社）、『古墳とは何か』（KADOKAWA）、『未盗掘古墳と天皇陵古墳』（小学館）、『美の考古学』（新潮社）、『縄文とケルト』（筑摩書房）など多数。

それに比べまして、中国地方を中心に、青銅器がなくて大きなお墓を築くエリアが広がっています。特定の人物、おそらく王のために大きなお墓を築いてお祭りをすることで社会をまとめているということですので、先ほどの共和政に対して言いますと「王政」ですよね。分かりやすく言うと、王政が社会をまとめる軸となっていた地域が、出雲と吉備とを含めた中国地方から、北陸地方にかけて広がっていたようなのです。元々は出雲・吉備・北陸も青銅器を持って、共和政の社会が広がっていました。そ

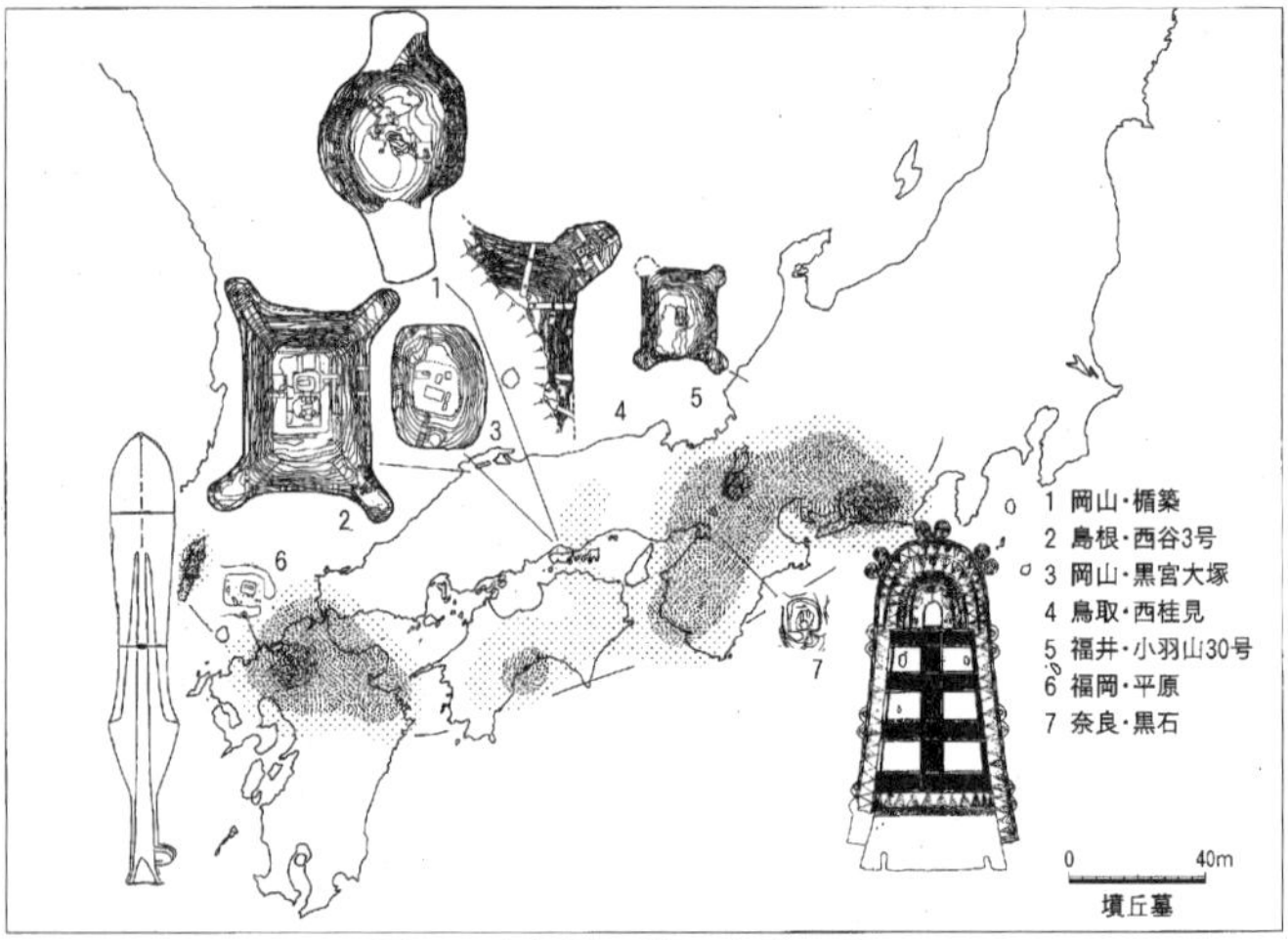

図１　青銅器の祭りと墓の祭り

（出典：松木武彦「倭国の成立と吉備―「邪馬台国の時代」展によせて」『邪馬台国の時代』（岡山県立博物館平成24年度特別展図録）岡山県立博物館、2012年を一部改変）

こへ、二世紀の中ごろに王政が現れてくる。古墳時代というのは王政ですから、古墳時代を先取りしたような地域が中国地方から北陸を中心に現れてくるということです。

日本列島の歴史は長いのですが、列島の真ん中の部分で、文化や社会の在り方がこれほど様々に対立しつつ広がっていた時期というのは、この時期をおいてほかにはないという、とても特異な時代です。

図１にお示ししている１番のお墓は楯築墳丘墓です。吉備王の墓。それから、２番が島根県の出雲市にあります西谷三号墓で、出雲王の墓というように地元で言われています。吉備王と出雲王のこの時点の関係を考えるために、この両王のお墓をそれぞれ詳しく見てみたいと思います。

お墓の形は、**図１**でもわかりますように、吉備王の墓の楯築は、円《まる》いところに飛び出しが二つ、対向する方向に付いた少し不思議な形をしております。出雲王の墓の西谷三号のほうは、四角いところの四隅に、やはり吉備王のお墓の飛び出しと同じような形をした飛び出しが四つ付いていています。円形に二つ付くか、方形に四つ付くかの違いがあるので、随分違うように見えるのだけれども、コンセプトは同じです。主人公が眠るところに飛び出しを付けるという、そのような共通性があります。

そして、その中身を見ていくわけですけれども、今、現地に行きますと、楯築のほうは円い本体の部分に、一番高いもので人の背丈の二倍近くあるような巨石がニョキニョキと立っています。西谷三号のほうは、出雲王とその后かもしれない男女のペアが眠る場所が、今は復元されていて、木の柱が立っていたことが表示されております。つまり、吉備王のお墓は石が立ち、出雲王のお墓は木の柱が立っていたのです。石と木の違いがあるのだけれども、思想としては同じかもしれません。

その王たちが眠る場所がどうなっているのか。幸いなことに、二つとも発掘調査が七〇年代から八〇年代にかけて行われております。その結果、出雲王のお墓と吉備王のお墓は大変よく似ていることがわかりました。両者とも主体部に水銀から取った朱という赤いパウダーを分厚く敷き詰めておりまして、この敷き詰められた範囲が木の棺の底板の範囲になります。実はこの棺は、二重構造になっていて、棺の形も同じ形で、さらに副葬品も大変よく似ているのです。

吉備王の楯築には玉と剣があります。西谷の男の王には、やはり玉と剣があります。楯築の玉は、碧玉という緑色のきめの細かい石でつくった管玉をネックレスにして、胸に垂れる親玉は、とても質の良い翡翠の勾玉と、紅茶キャンディーみたいな瑪瑙製の玉です。そして、出雲王のお墓の女性の王には、コバルトブルーのガラスでつくった、少し変わった形の勾玉が納められていました。つまり、とても貴重な珍しい玉を含む首飾りを基本として、男のほうには剣を加えるという同じやり方で、出雲王と吉備王は葬られています。二人の王の関係が無関係であったとはとても思えません。

さらに、それを証拠立てる資料があります。吉備の楯築には、私の胸の高さぐらいまである、華やかに飾られた筒抜けの土器があります。この上に壺を乗せて、それを埋葬の終わったお墓の上の面に何セットも立てていました。この壺の中には、呑兵衛の考古学者は「酒が入っていたんだろう」と言い、下戸の考古学者は「聖なる水が入っていた」と言います。どちらかはわかりませんが、儀式に使うのなら酒なのではないかと想像します。これとまったく同じ、まさに吉備でつくって運ばれてきたと考えられる同じ形の土器が出雲王の西谷三号にもやはり立てられているのです。ですから、この二人の王はとても密接な、連合のような関係にあったと推測されます。倭国乱の前の二世紀の出雲と吉備との関係は、そのようなとても密接な関係であって、出雲王と吉備王とが双璧になって、王政という新しい世の中の仕組みを吉備と出雲の地にそれぞれつくっていたと考えられるわけです。

この王政の起源を考えていきます。**図2**は楯築の棺の復元図です。このような、二重構造になっているものを木椁《もっかく》と呼びます。出雲王の西谷三号も同じく木椁でした。最近、この木椁のルーツは中国だという説が非常に有力になっております。

当時の漢帝国は、朝鮮半島や日本列島の東方諸民族を統制するために出先機関を置きました。その一つが、現在の朝鮮民主主義人民共和国の平壌の辺りにあった楽浪郡で、中国の中心地からたくさんの貴族や官人がやって来て、土着した人もいました。それらの人々のお墓が木椁だったのです。それが、紀元後一世紀から二世紀にかけて楽浪から朝鮮半島を南下して伝わり、そこの有力者に取り入れられ、さらには海を渡っ

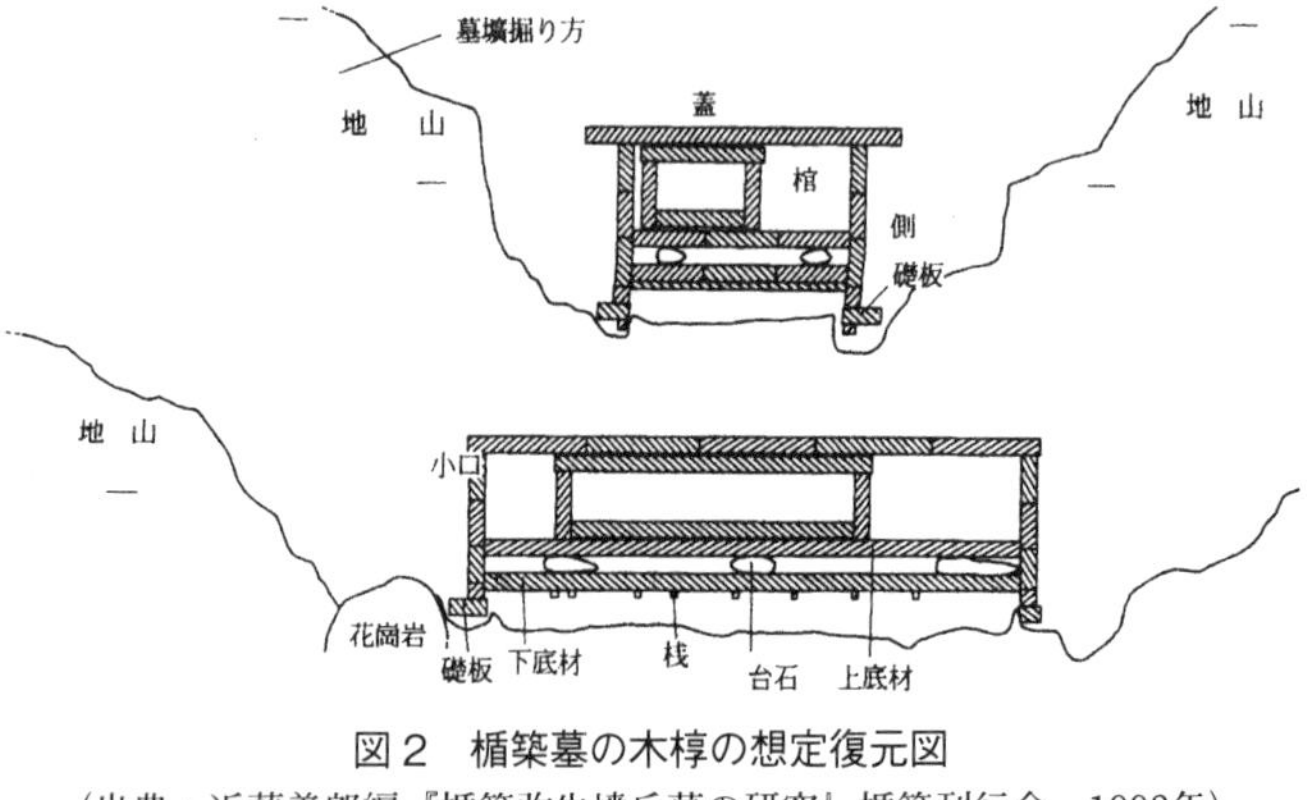

図２　楯築墓の木椁の想定復元図
(出典：近藤義郎編『楯築弥生墳丘墓の研究』楯築刊行会、1992年)

て日本列島の有力者に取り入れられた。その有力者が出雲王の西谷三号の被葬者、それから吉備王の楯築の被葬者だったというわけです。このようなことが、専修大学の高久健二さんらの研究でわかってきました。

　このように、木椁というスタイルを持った王のお墓の形は中国に由来するものです。そもそも、大きな塚をつくって王や皇帝を葬るという考え方自体が、もともと中国にあったものです。一番大きなものは秦の始皇帝陵で、そのあと前漢の皇帝は四角い大きなお墓をつくり、後漢の皇帝は円い大きなお墓をつくります。土を大きく盛ったマウンドに偉い人を葬るということと、その葬られる場所は木椁だという、こういった埋葬様式が大陸に起源し、日本列島に伝わって、古くからの青銅器祭祀地帯に食い込んでいったという事態が二世紀の中ごろには起こっているということが分かってまいりました。

　この二世紀の日本列島について記述した文字記録が中国にあるのです。『後漢書』です。読んでみますと、安帝の永初元年、つまり紀元後一〇七年に、「倭國王帥升等」が「生口」──生口というのは戦争奴隷だと考えられているのですが──一六〇人を献上して挨拶に来たと書いてあります。つまり、二世紀初めごろの日本列島には、「倭国王」を名乗る人物と、そのもとに名を連ねる各地の有力者たちのまとまりがあったのだということです。要するに、倭国王帥升を頭目とする各地の王たちの連合関係があったのではないかと想定されるわけです。

その考古学的反映がさきほどの**図1**だと考えています。出雲と吉備、そして北陸の越を中心に広がる、王のお墓を築くエリアです。この中で、出雲の王の墓と吉備の王の墓とは、先にみたように密接な関係にある。さらに、出雲の王と同じ形の墓が、東どなりの伯耆・因幡から越にまで広がっています。恐らく、そこに葬られている王たちの間に、お墓の形や内容に表れるような連合関係があったのだろうと思われます。

肝心なのは、これが、帥升等が遣いを出した紀元後一〇七年ごろまで遡るかどうかということです。今、この**図1**に表している様子じたいが二世紀の初頭まで遡ると考えるのは少し難しいのですけれども、その王たちが少し長生きをしてからお墓に入ったとすれば、ここにぎりぎり間に合ってくるわけです。あるいは、そう無理して考えなくても、倭国王帥升たちの連合の、その次の世代の各地の王たちの連合関係がここに反映されていると考えることも可能なのではないかと、私は思っております。

二、「倭国乱」を転機とした出雲と吉備の分かれ道

引き続きまして、この『後漢書』の続きを読んでみますと、「桓霊間倭國大亂」と書いてあります。「桓霊間」というのは、後漢の桓帝・霊帝という二人の皇帝の治世期間で、西暦に直すと一四六年から一八九年にあたるのです。別の書物には、倭国が乱れたのは霊帝の「光和」という元号の時期であったと記されています。「光和」は、大体一八〇年を前後する時期です。ですから、西暦一八〇年、これが「倭國大亂」のピークだと思われます。

一八〇年ごろの日本列島の様子がどうだったかというのは、現在、考古資料から様々に研究が進んでいるわけですけれども、一つは、人口がすごく流動していた時代というイメージです。つまり、それまで住んでいたところを捨てて、ほかの地域に人が移動する。例えば中部地方、名古屋の辺りから千葉県や神奈川県、あるいは群馬県といった関東地方にたくさんの人々が移動して、そこに村をつくるわけです。新天地を目指して、西から東へと人が移動していく激動の時代です。

図3は岡山平野の弥生時代の地図です。中に、黒い四角が見えます。黒い四角が大き

ければ大きいほど、たくさんの家が建っている村がそこにあるという意味です。左上、右上、左下、右下の順番に時代が展開していまして、最後の右下が今お話ししている一八〇年頃に当たります。

一つだけとても大きな黒い四角が左のほうに見えます。足守川という、農業生産をするにはちょうど良い大きさの川の下流に、岡山平野の各所から人が集まってきて新しい大きな村をつくるわけです。人が寄り集まってくる場所ですから、町といってもいい。このように、西日本でも、今まで住んでいた小さな村を捨て、町

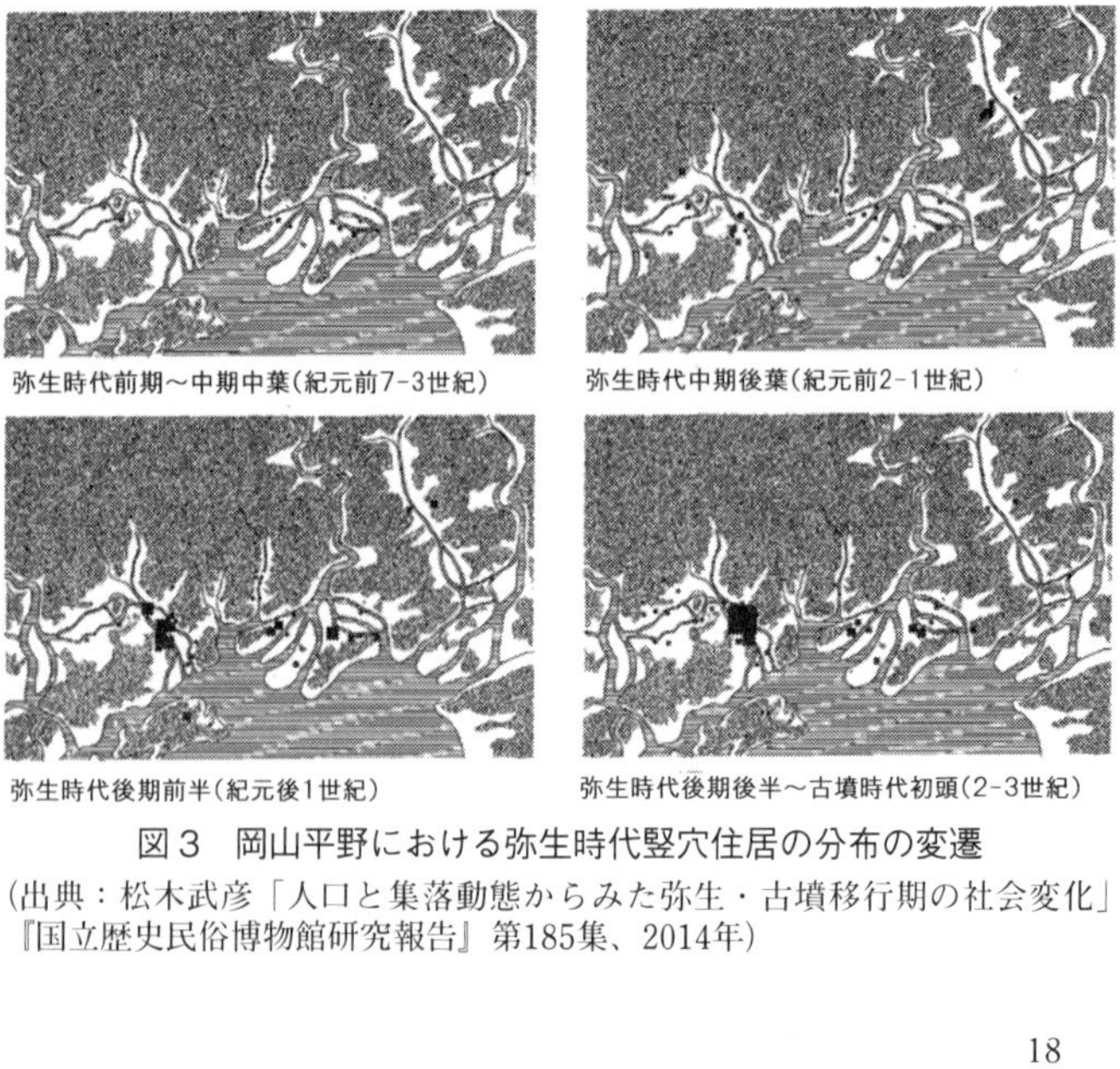

図３　岡山平野における弥生時代竪穴住居の分布の変遷
(出典：松木武彦「人口と集落動態からみた弥生・古墳移行期の社会変化」『国立歴史民俗博物館研究報告』第185集、2014年)

に集まって新しい利益を求めて住まう人たちが現れていたということで、本当に激動の時代だったのです。この激動こそが倭国乱だったと考えられますが、この時期に吉備や出雲が具体的にどういう動きをしたかということまでは、まだ細かくは分からないのです。これは次の世代の考古学者にがんばっていただくほかありません。

次に、倭国乱の後がどうなったのか。中国の歴史書の記述から推測しますと、倭国乱が紀元後一八〇年ぐらいにピークになったあと、二〇〇年を前後する時期に、「もうこれでは仕方がない」ということで、争いに疲れた各地の王たちが、卑弥呼という一人のマジカルパワーを持った女性を自分たちよりも一段上の女王に立てて、いわば妥協してまとまってしまった国が、邪馬台国を都とする新しい倭国です。

その時代の様子を考古資料で表したのが、**図4**です。ここではっきりしているのは、青銅器のお祭りを通じて共和政を敷く地域は日本のどこにもなくなってしまっていることです。大きなお墓を築くお祭りによって王政を敷く地域ばかりになります。つまり、大きなお墓の祭りと青銅器の祭りとが、新しい宗教対古い宗教ということでせめぎ合いをしたわけですから、倭国乱には宗教戦争みたいな意味もあったのだろうと私は思っています。結局、お墓の祭りが日本列島一円に広まって落ち着きます。これが倭国乱の決

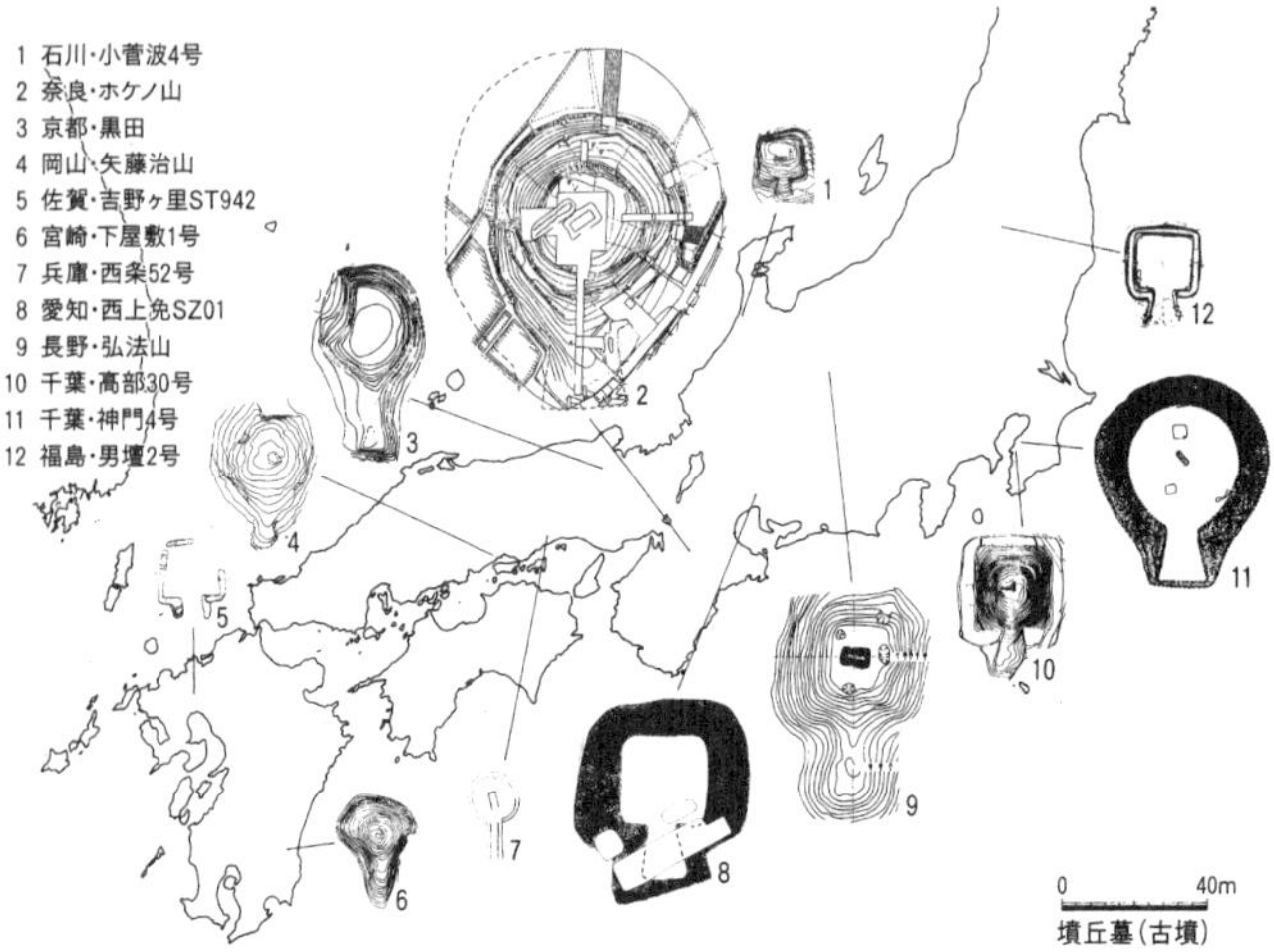

図４　３世紀前半の王墓の分布

(出典：松木武彦「倭国の成立と吉備―「邪馬台国の時代」展によせて」『邪馬台国の時代』（岡山県立博物館平成24年度特別展図録）岡山県立博物館、2012年)

着、古墳時代の始まりです。

　それから、もう一つ重要なことがあります。大きなお墓の祭りをまず始めたのは出雲や吉備ですから、やはり出雲や吉備がそれをまとめる形で中心になってほしいですよね。ところが、中心になったのは大和なのです。具体的にいいますと、倭国乱の後の一番大きな王の墓は大和に現れる。図４の２番のホケノ山古墳がそうですが、そのほかにも、同じ時期で同じ規模のものが少なくとも四つぐらいありますので、お墓の大きさが権威を示すとすると、最も大きな権威を持った王といえる人物が複数、大和に現れていたということです。新しい世の中の主導権は、その仕組みを最初に生み出した出雲や吉備ではなく、大和が握ってしまったわけです。これら大和の王たちの墓は、長さは一〇〇メートル前後で、円いところに飛び出しが一つだけ付く形です。飛び出しの数が吉備や出雲では二つや四つだったものが、大和では一つに絞られています。前方後円墳になっているわけです。

ホケノ山古墳の墳丘は二段につくられて、それぞれの斜面に石が置かれています。葺石といいます。弥生時代の出雲や吉備の王の墓にも斜面に石を葺いていたので、その伝統が保たれているわけです。しかし、ホケノ山のように墳丘を二段に築くのは、この段階になってからです。弥生時代の吉備や出雲の王の墓は一段でした。

埋葬施設も変化します。吉備の楯築や出雲の西谷の木槨は土で埋めていましたが、ホケノ山は木槨のまわりを石で囲って埋めています。このあと発達する竪穴式の石室の出発点です。副葬品も、出雲や吉備の王の墓よりはずっと充実していまして、彼ら彼女らは持たなかった中国伝来の鏡を持っています。それから長い刀、鉄や青銅の鏃を付けた矢の束。木槨自体は楽浪がルーツですが、刀や矢束を手厚く副葬する風習は、朝鮮半島南部の加耶の地と共通しています。中国の影響のもと、加耶など朝鮮半島諸地域との交流をバックにして、大和に新しい覇権を築いた王たちは君臨していったと考えられます。

　このように、倭国乱を境にして、構造は大きく変わったわけです。出雲や吉備が始めた、大きなお墓の祭りによる王政を、大和が乗っ取ってしまった感じです。同じ様式のお墓を、少しずつ大きさを変えて築くことによって連合した王たちの関係を示すという、墓による新たな国づくりは、特に出雲が中心になって考案したものだと思われるのですが、その国づくりのアイデアを大和に譲るかのようなことが、倭国乱を境に生じているわけです。

　ホケノ山や、それとほぼ同じような古墳が三世紀の前半から中ごろにかけて次々と大和に築かれ、そして紀元後二五〇年ぐらいに、箸墓という突出した規模の前方後円墳がすぐ近くに現れます。ホケノ山などの規模を何と三倍、長さにして三倍ですから、体積にすると九倍、ないし一〇倍ぐらいもあります。したがって、ホケノ山や石塚などに葬られた王たちをはるかに凌ぐ権威を与えられた人物が葬られているのに違いありません。倭国乱の末に共立された女王卑弥呼を箸墓の主とする説は、考古学では近年有力です。

　この箸墓古墳の出現を契機として、前方後円墳体制という、お墓の形と規模で葬られた人の地位を表す仕組みが成立したのだといわれています。この前方後円墳体制こそがヤマト政権の実態と考えられています。

そうしますと、最も巨大な前方後円墳に葬られる人が倭王ということになります。卑弥呼が初代の倭王だったかどうかは議論があるのですけれども、とにかく一番大きな前方後円墳を築く倭王を頂点として、日本列島各地の有力者たちがその体制に取り込まれ、その中での地位に応じて、本体が四角い前方後方墳や、円墳、方墳といったような序列でお墓を築いていくシステムができ、その中心勢力が倭王を出す大和だったというわけです（図5）。

大和に次ぐ第二勢力になってくるのが吉備です。吉備は大和に追従しているよ

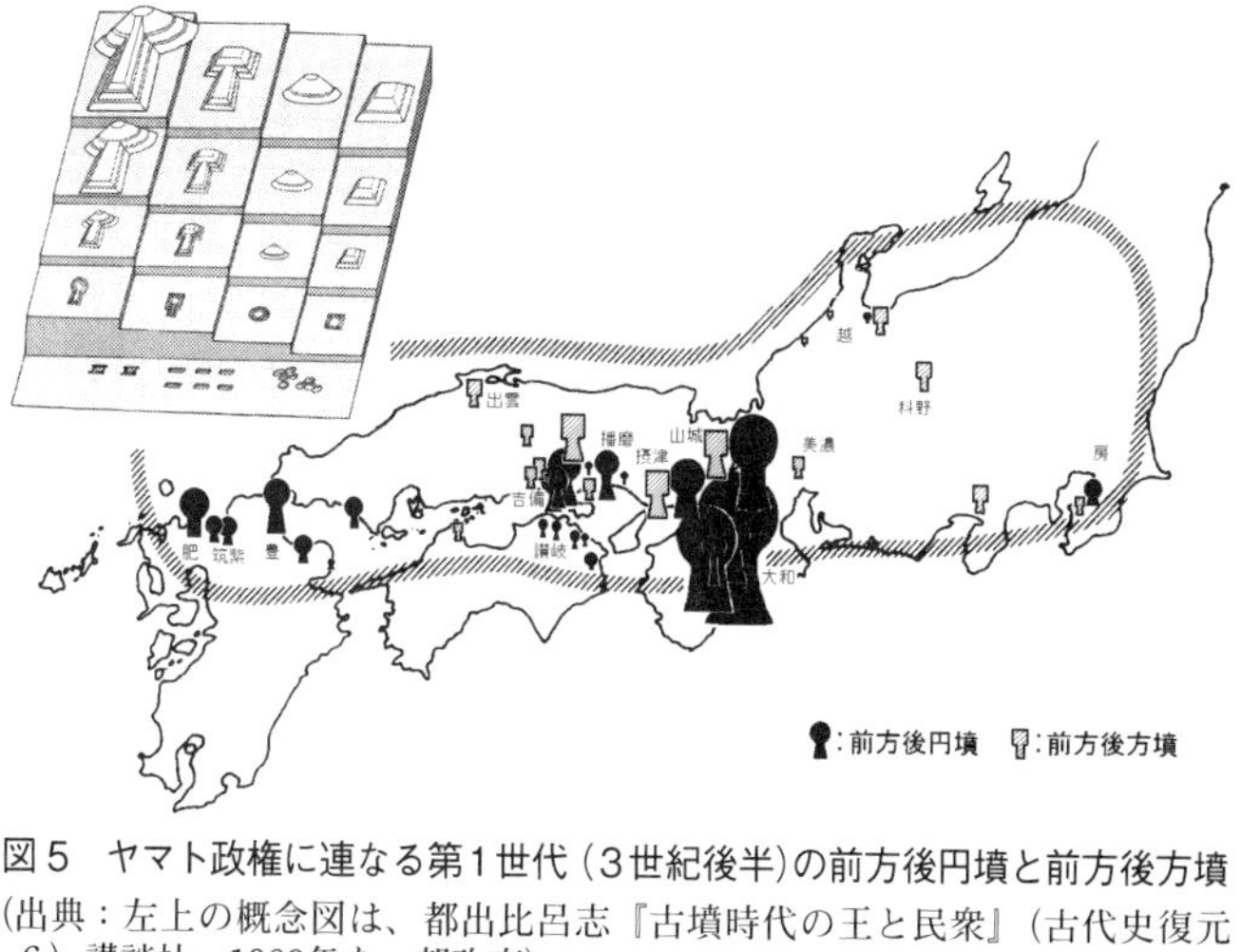

図5　ヤマト政権に連なる第1世代（3世紀後半）の前方後円墳と前方後方墳
（出典：左上の概念図は、都出比呂志『古墳時代の王と民衆』（古代史復元6）講談社、1989年を一部改変）

うです。特に、箸墓古墳にそっくりな形で大きさだけ二分の一でつくった浦間茶臼山という古墳が、箸墓の直後に吉備に築かれ、その後も吉備では大きな古墳が営まれる。これに対して出雲はというと、小さな前方後方墳がわずかにみられるくらいです。これがヤマト政権でのランクを表すとすると、出雲はまったく上位を占めるに至っていません。倭国乱を境にヤマト政権ができるときに、吉備と出雲は全く違う道を辿ったようなのです。

　では、出雲は、本当にそのような低い立場に甘んじてしまったのでしょうか。大和に箸墓が現れ、吉備に浦間茶臼山が現れたころ、**図5**には前方後円墳と前方後方墳しか出していませんから寂しく見えますが、実はそうではありません。古墳時代に入ると、それまでの西のほうの出雲市付近に代わって東の安来市付近が出雲の中核になり、中海を見下ろす安来の荒島の丘陵を中心に、大きな方墳が築かれます。方墳といっても、わずかに長方形の大きなお墓です。

　その一例として、安来市の塩津山一号墳をみましょう。長方形で、辺がわずかに湾入して、隅が少し飛び出しているように見えます。島根大学の岩本崇さんらの意見では、これは、弥生時代にこの地域で発達した四隅突出型の王のお墓の伝統を再現したものです。埋葬のやり方を見ましても、弥生時代の出雲の王たちのお墓は、棺を墳丘の短辺に平行して配置します。出雲の古墳時代の方墳も同じ配置です。棺をどちらに向けるかというのは、お葬式では大変重要なことなので、これも、「出雲の先代、先々代の王からの伝統を私たちは引いているのだ」という表示だろうと思います。

では、大和との関係はどうなのでしょうか。出雲の方墳はしばしば竪穴式石室を持っています。竪穴式石室は、周りに石を詰めたホケノ山のような木槨から、大和で成立したものですから、王が眠る場所のつくり方は大和に準じているのです。ただ細かく見ると、石室の排水のための暗渠を竪穴式石室の床の中軸ラインに設けたりしているのは、大和に見られない出雲独特のやり方です。つまり、出雲の伝統の要素と、大和から伝わってきた要素とを両方混ぜてあるのです。

副葬品はどうでしょうか。先ほどの西谷三号墓から斐伊川を遡っていった盆地の一角にある神原神社古墳の例をみましょう。これも竪穴式石室で、大和からもらったと考えられる三角縁神獣鏡を一枚だけ持っています。この三角縁神獣鏡には、卑弥呼が中国の王朝に遣いをやったと思われる頃の「景初三年」という年号が鋳出されているので、卑弥呼と関係の深い鏡です。卑弥呼が大和にいたとすれば、卑弥呼の裁量で大和から配られた、たくさんの鏡の中の一枚が出雲の一角に来ていたということになります。

　このように、状況は複雑ですが、出雲の方墳というのは、竪穴式石室を見ればやはり大和の系列であって、死んだ王をどのようなところに葬るか、死んだ王がどのような世界に行くのかみたいな、大まかな世界観は大和と共有しているところが大きいし、鏡を大和から一枚もらっているというようなつながりも保っております。けれども、竪穴式石室や鏡は、葬儀が終わると見えなくなる。葬儀が終わってからでもずっと見られるのは、大和の王と全然違う四角い台のような墳丘です。古墳の墳丘の形というのは、先ほど言いましたように、やはり政治的な立場を物語るものです。世界観や祭祀は共有しているのだけれども、政治的には少し立場が違う、元々の出雲王の系譜を引いているのだというような、外向きにはそういう主張があるわけです。

　では、吉備はどうなのか。先ほど吉備は大和に追従していると言いましたけれども、吉備の古墳、たとえば備前車塚をみますと、長さ四八メートルというさほど大きくない前方後方墳なのですが、竪穴式石室から古い中国の鏡一枚と、一二枚という多量の三角縁神獣鏡が出てきました。ですから吉備は、出雲のように一枚二枚もらう立場というよりも、ヤマト政権にがっちり食い込んで、たくさんの鏡をもらったり、それを配るというヤマト政権の仕事を補助したりしているような感があります。それによってヤマト政権の中で地位を高めている。距離を置いて孤高を守った出雲に比べれば、少し情けない立場ではありますが、それが吉備の選択だったのでしょう。

三、初期ヤマト政権と出雲・吉備

ヤマト政権が地方の有力者たちに贈るもので、鏡とともに重要なのは、銅鏃といわれる、青銅でつくったきれいな矢じりです（図6）。実用というよりも、飾り矢の先に付ける象徴的な器物ですが、形は武器です。武の象徴です。ですから、ヤマト政権からこの飾り矢をもらっている有力者というのは、やはり軍事的な同盟者でしょう。大和と軍事的に同盟をするような地方の王に、銅鏃は配られたと考えられるわけです。

そこで銅鏃の分布（図7）をみると、大和を中心とする近畿地方にはたくさんで、吉備にもあります。それから、東日本や瀬戸内沿いにも点々とある。出雲はどうか。出雲には一本の銅鏃もないのです。軍事的な盟約を結ぶというのは、よほど関係が強いところです。それが一本もないということは、大和と出雲との関係は、かなり疎遠であったのではないかと思わざるを得ないわけです。銅鏃の分布は、ヤマト政権成立時に出雲と

図６　ヤマト政権から配られた銅鏃

（出典：雪野山古墳発掘調査団編『雪野山古墳発掘調査概報』1990年。（所蔵・写真提供：東近江市））

図７　古墳時代銅鏃の分布

（出典：松木武彦『日本列島の戦争と初期国家形成』東京大学出版会、2007年）

吉備がいかに違う道を進むようになったかが非常に端的にうかがえるデータだと思います。

四、出雲と吉備の前方後円墳

そのようなことを前提にして、最後にお話したいのは、前方後方墳のことです。先ほど「ヤマト政権の成立時に、出雲には前方後円墳はないのだけれども、前方後方墳は少しだけある」という話をしました。実は前方後方墳は、吉備には大変たくさんあるのです。そのことから、吉備の勢力が出雲の一角に分け入って、そこに前方後方墳を築いたのではないかという説があります。本当にそうなのでしょうか。

図8は吉備地方の地図で、黒い丸が前方後円墳、白い丸が前方後方墳です。丸の大きさは大小を表します。そうしますと、備前といわれる南寄りの地域は、大きな前方後円墳と小さな前方後方墳がある。別の言い方をすれば、前方後円墳が上位で、前方後方墳が下位であるというような、お墓のつくり方の秩序がある。このことは、宇垣匡雅さんが指摘されています。

この備前の秩序は大和と同じです。前方後円墳が大きくて、前方後方墳は少し小さい。

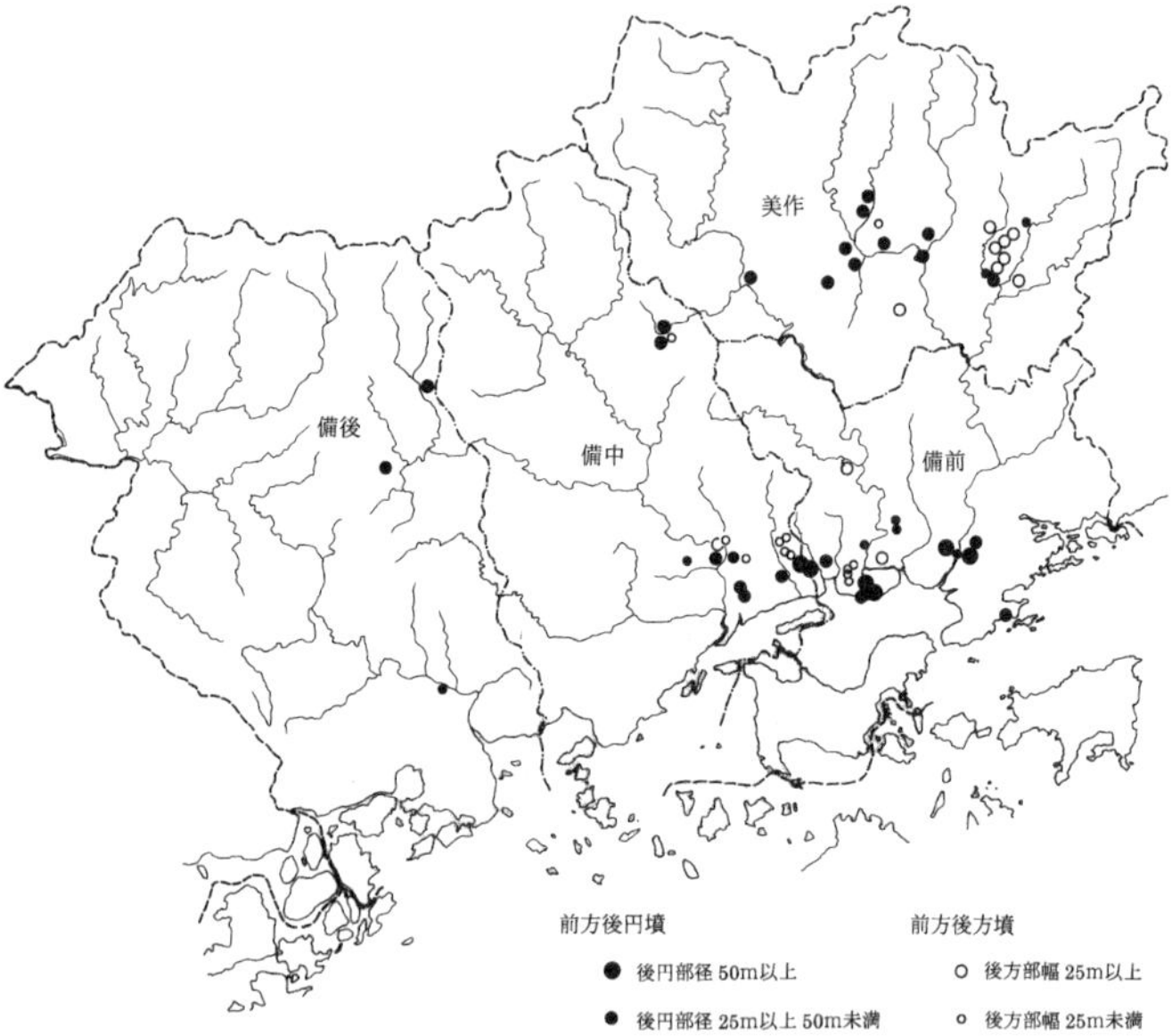

図８　吉備における古墳時代前期の前方後円墳と前方後方墳の分布
(出典：松木武彦「キビの前方後方墳」奈良県立橿原考古学研究所　秋季特別展「前方後方墳　もうひとりの主役」研究講座資料、奈良県立橿原考古学研究所史友会、2004年)

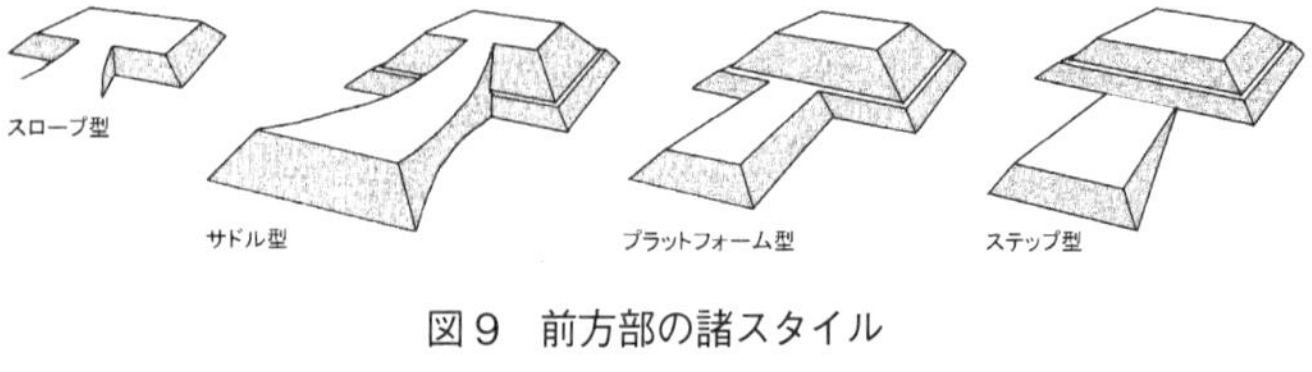

図９　前方部の諸スタイル

ところが、美作の東部、地図でいうと右上のほうに、白い丸ばかりが集まっている地域がありますよね。ここは前方後方墳の巣です。前方後方墳のほうが大きくて、前方後円墳が小さいというのは、全国ではここだけです。前方後円墳体制というのは、地方ではかなり弾力的に運用されていて、ここには、前方後方墳を上位とする秩序をもっていた特異な勢力があったようです。吉備の前方後方墳の中枢は、この美作の東部です。

さらに、前方後方墳にもさまざまな系統があることが、前方部の形を見れば分かります。大和の大型の前方後円墳や前方後方墳の前方部のスタイルは、上の面が馬の鞍のように下がって上がるサドル型か、上を平らに真っ直ぐにつくるプラットフォーム型です。箸墓はサドル型、二代下った大王墓とされる柳本行燈山古墳はプラットフォーム型です。

岡山県北部の前方後方墳もサドル型やプラットフォーム型で、前方部をきっちりと大和に準じてつくっています。岡山平野南部の地域でもやはりそうです。

これに対して出雲では、特に**図10**の松本一号を見ていただきますと、方墳をまずつくって、少し下がったところに前方部を足したような、ステップ型ともいうべき特異な形です。したがって、出雲の前方後方墳は、吉備から伝わったものなどではなく、出雲の地で独自に、方墳から派生したものと考えられます。そして、**図10**からもわかるよう

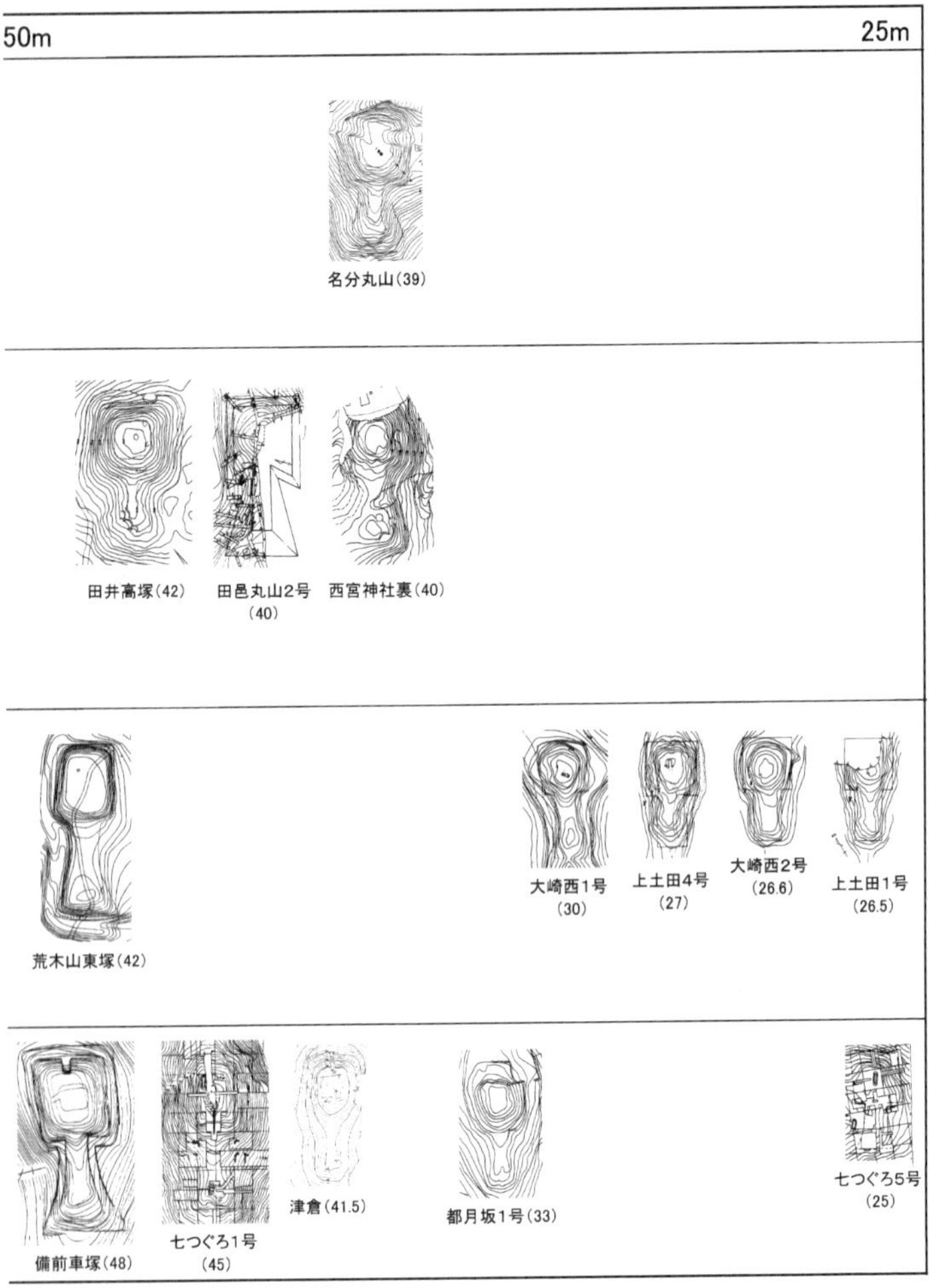
50m
25m
名分丸山(39)
田井高塚(42)
田邑丸山2号
(40)
西宮神社裏(40)
荒木山東塚(42)
大崎西1号
(30)
上土田4号
(27)
大崎西2号
(26.6)
上土田1号
(26.5)
備前車塚(48)
七つぐろ1号
(45)
津倉(41.5)
都月坂1号(33)
七つぐろ5号
(25)

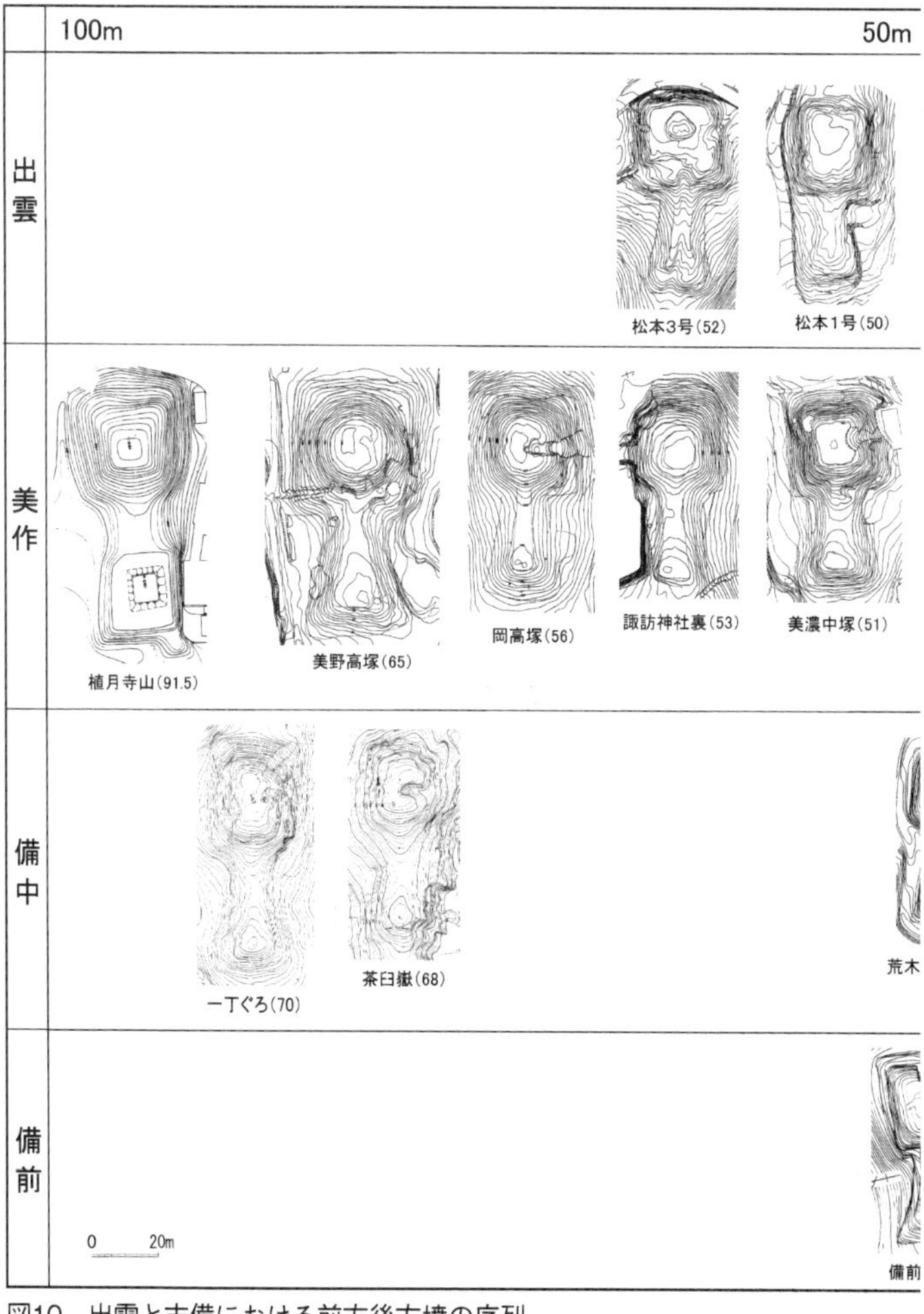

図10　出雲と吉備における前方後方墳の序列

に、出雲の前方後方墳は、後方部の頂上の平坦面が異常に広く、ここだけとると出雲の方墳そのものの特徴です。

さらに、出雲の前方後方墳は、竪穴式石室を持たないのです。木の棺をそのまま埋めてしまうという、少しランクの低い埋葬の仕方なのです。吉備の前方後方墳は、かなり小さいものでも竪穴式石室を持ちます。このことからも、出雲の前方後方墳は吉備から伝わったものではないことがわかります。出雲は、先に述べた大型の方墳を格上とし、やや小さめの方墳や、それに前方部を足して出雲独特の前方後方墳としたものを格下とする、出雲独特の古墳秩序を生み出したのでしょう。出雲は、大和の影響も全面的には受けず、ましてや吉備の介入などはけっして受けず、どこまでも独自性を保っていたということです。

古市古墳群や百舌鳥古墳群が現れる古墳時代中期になっても、出雲だけは大きな前方後円墳を築きません。やはり方墳が中心です。ですから私などは「出雲はずっと独自性を保っているな。さすが孤高の出雲だな」と思うわけです。けれども最近、出雲の考古学者の中から、少し違う考え方が出てきました。仁木聡さんの説ですが、出雲の方墳は、古市古墳群や百舌鳥古墳群の巨大な前方後円墳の周りを、陪塚として取り巻く方墳と同じものではないかと言うのです。これらの方墳は、巨大な前方後円墳をつくる大王や大豪族に仕えて様々な仕事をするヤマト政権の官僚というか、あまり偉大な人の墓ではないだろう考えられているわけです。

それが出雲にもあるということは、五世紀のヤマト政権には、そういう官僚的な立場で出雲の首長たちが仕えていたのではないかということですが、ちょっと自虐的な意見ではないかと私など思ってしまうわけで、こういう意見が当の出雲の側から現れてくるのかということが、大変魅力的な説だとは思うのですけれども、不思議であります。出雲は、六世紀にもまだ大きな前方後方墳をつくったり、独特な形の横穴式石室や大きな石の棺を発達させたりして独自性を保っていました。こういう出雲が、五世紀だけヤマト政権に屈辱的な形で追随したとも思えませんので、やはり出雲は五世紀においても独自性を保ち、それが六世紀にも続き、最終的には神話における出雲の特異な立場につながっていくような認識を大和に持たせるに至ったのではないかと考えます。

時間が過ぎてしまいましたので、私の話はこれで終わりにしたいと思います。どうもありがとうございました。

【第1部】出雲と大和 ―ヤマト王権成立前夜―

古墳出現前夜の出雲（報告①）

池淵俊一

一、弥生時代――交易拠点出雲の繁栄

失礼いたします。島根県文化財課の池淵と申します。私のほうからは、古墳出現前夜の出雲の地域間交渉を中心にお話をしたいと思います。

出雲は大量の青銅器を出土する地域として非常に有名ですけれども、紀元一世紀の前半、弥生時代の後期の前半までには青銅器祭祀を停止してしまいます。その代わりに、四隅突出型墳丘墓《よすみとっしゅつがたふんきゅうぼ》と呼ばれる、四角形に隅が飛び出した独特の首長の墓を築くようになります。この四隅突出型墳丘墓は、出雲を中心として因幡、伯耆、北陸地方まで及んでいる、日本海側に分布する非常に特徴的な墓制であります。そこのお墓で行われているお祭り――墓上祭祀《ぼじょうさいし》といいますか――飲み食いをする飲食儀礼が共通性を持っていることから、山陰の首長間には何がしかの政治的な連携があったと考えてよいかと思います。その盟主として、列島でも当時最大級の王墓を継続的につくり続けた西谷墳墓群の首長層を想定しても、大きな誤りではないかなと思っております。

この弥生時代後期に、なぜ出雲平野に強力な政治権力が出現したのかということなのですが、その背景には、当時の列島と朝鮮半島との間の対外交易において、出雲が非常

に重要な役割を果たしていたのではないかと考えております。当時の倭韓交易、日本列島と朝鮮半島との交易は北部九州勢力、特に伊都国を中心とした交易ネットワークが形成されていたと考えられております。**図1**は紀元前一世紀から三世紀の朝鮮半島系土器の出土点数を示したものであります。当然のことながら、北部九州に多く分布しているわけなのですけれども、実は本州で最も朝鮮半島系土器が出ているというのは出雲平野、現在の出雲市を中心とした地域になります。一方、吉備や畿内では、この頃には朝鮮半島系土器というのはほとんど出てこない。若干丸が付いていますけれども、これは古墳時代まで時期が降る資料がほと

池淵俊一（いけぶち・しゅんいち）

島根県教育庁文化財課調整監
1968年、島根県生まれ。広島大学大学院文学研究科修士課程修了。専門は日本考古学。主な著作として「意宇平野の開発史」（『前方後方墳と東西出雲の成立に関する研究』島根県古代文化センター）、「出雲平野における6・7世紀の水利開発とその評価」（『国家形成期の首長権と地域社会構造』島根県古代文化センター）、「出雲と日本海交流」（『考古学講義』筑摩書房）など。

んどであります。

　出雲平野の交易拠点であります出雲市山持《ざんもち》遺跡《いせき》からは、朝鮮半島南部の土器（勒島《ヌクト》式）や、楽浪郡―松木先生のお話にもありましたが、現在の平壌辺りにあった中国の出先機関です―そういった地域の土器が、はるばるこの出雲の地まで運ばれています。このように、出雲という地域は当時の日本海交易の最重要拠点であったと言えるかと思います。

　この対外交易において、朝鮮半島から列島への最大の輸入品というのは、当時の日本ではまだ生産できなかった鉄であったと考えられます。弥生時代の鉄器の出土状況は、北九州が圧倒的に多い状況です。しかし、それに次ぐ出土点数を示しているのは、実はこの山陰地域から丹後、北陸といった地域なのです。一方で、畿内や東海というのは鉄器が非常に少

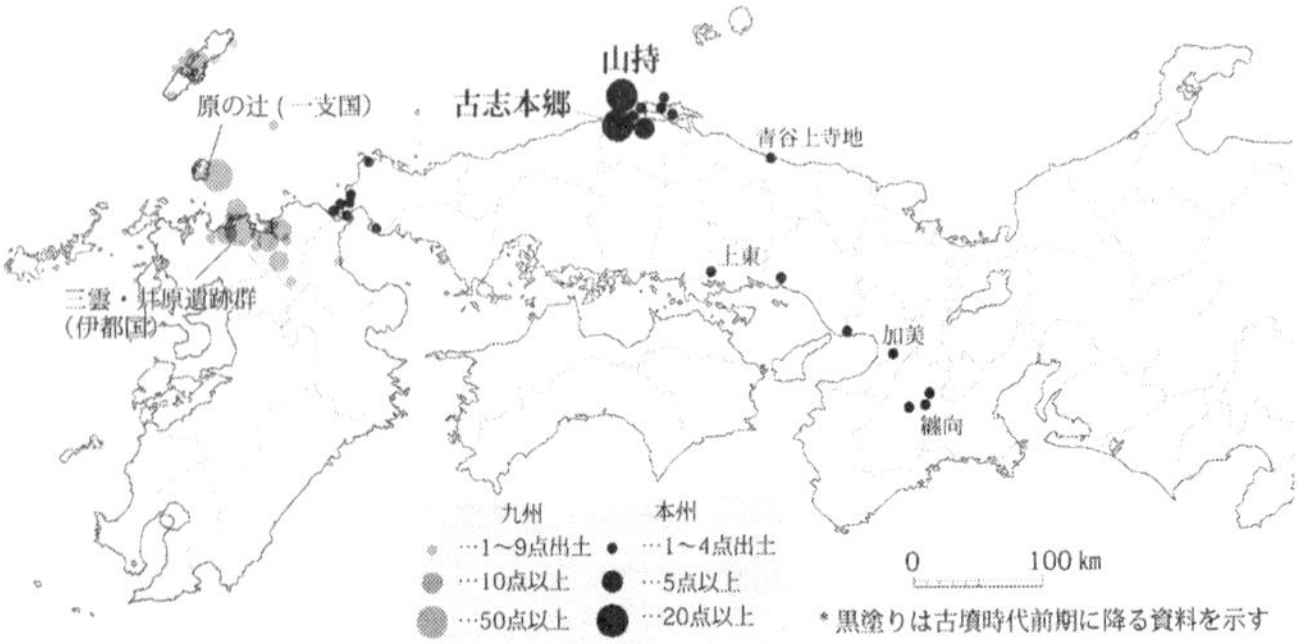

図１　朝鮮半島系土器の出土傾向

ない地域となっています（図2）。舶載の刀剣類も、やはり日本海沿岸の墳丘墓、首長のお墓から集中的に出土しており、日本海を介した鉄の交易ルートというのが恐らく存在したのだろうと思っております。

このように、弥生時代後期の朝鮮半島と日本列島とのメインルートというのは、瀬戸内海側というよりも、むしろ日本海側にあったことが昨今の調査研究でわかってまいりました。西谷《にしだに》墳墓群、出雲平野の大型の四隅突出型墳丘墓をつくり続けた首長墓からは、多くのガラス製品が出ておりますけれども、これらの多くが他地域ではほとんど例のない、楽浪系の舶載のガラス素材を使っているということが分かっております。こうした点から見て、出雲の王墓、西谷墳墓群を築いた首長の

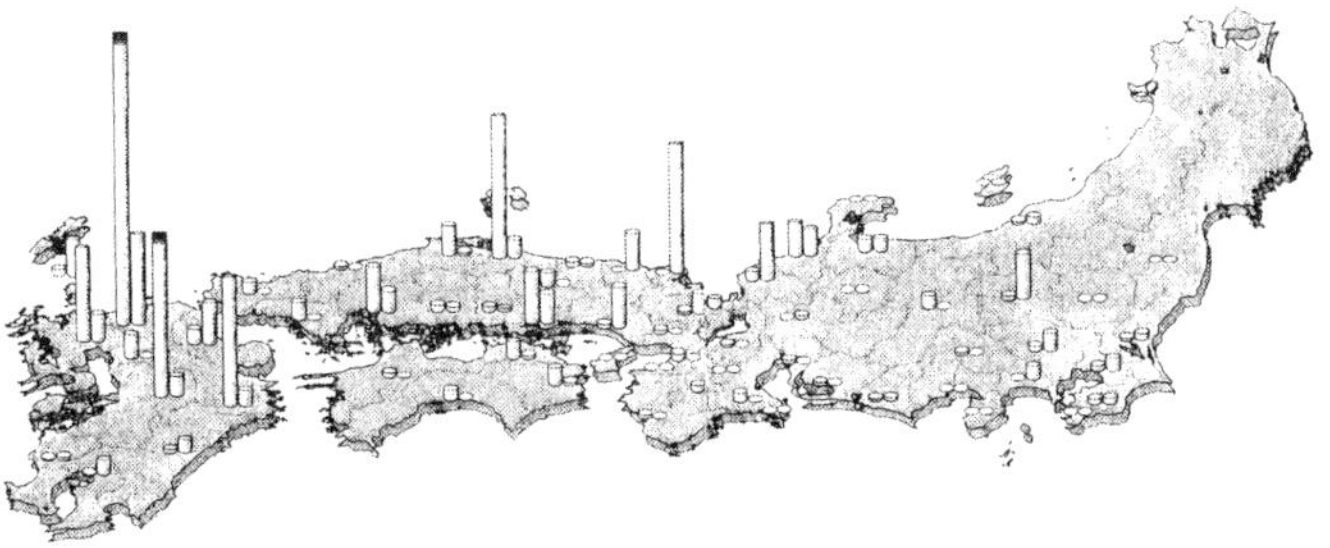

図２　弥生時代の鉄器の分布

（出典：野島永「京都府北部（丹後地域）における鉄器の導入と社会の変化」『鉄器の導入と社会の変化』財団法人石川県埋蔵文化財調査センター、2002年を一部改変）

権力基盤というのは、日本海交易の掌握にあったとみて、まず間違いないかと思います。

二、出雲と吉備

続きまして、出雲と吉備との関係について、若干お話をしたいと思います。出雲で西谷墳墓群がつくられた二世紀後半とほぼ同時期に、吉備でも、先ほどの松木先生のお話にありました、楯築墳丘墓という列島最大の弥生墳丘墓が突然出現します。この楯築墳丘墓というのはいろいろな面で画期をなすお墓なのですけれども、特筆されるのは、特殊器台・特殊壺といった、お墓でのお祭り専用の、大型で非常に飾られた土器が創り出された点にあります。楯築墳丘墓では、このような特殊器台・特殊壺だけではなくて、高杯や脚付の壺など一〇〇個体以上が出土しております。恐らく特殊壺の中に何らかの液体、先ほど酒かどうかというお話がありましたが、それを高杯や壺に小分けして、首長と共同体、集団の成員がともに飲み食いをするお祭りがお墓の上で行われたのであろうと想像されます。儀礼の詳細な内容については分かりませんけれども、恐らく首長と共同体の集団のそれぞれのメンバーが、互いの社会的な関係を確認し合って、地域社会を統合していく上での非常に重要な儀礼が行われたのだろうと思っております。

このような吉備の特殊器台・特殊壺は、実は西谷墳墓群からもたくさん出ております。西谷だけではなくて、出雲の弥生時代のお墓では、小さいお墓も含めて、大体六割から七割ぐらいの確率で吉備のお祭り用の土器が出てくる。つまり、出雲の二世紀後半のお墓のお祭りでは、吉備の土器が非常に重要視されたということを物語っていると考えております。

一方、吉備のほうも積極的に出雲に対してアプローチを行う理由がありました。この**図3**は弥生後期の九州における吉備の土器の出土状況を示しております。この時期、北部九州では、吉備の土器がまとまって出てくる集落というのがいくつか知られています。これは、吉備が朝鮮半島との対外交易のための交易拠点を確保するために北部九州に進出したことを示すものと考えております。

ただ、吉備の場合はどうしても関門海峡という地形的な制約がございまして、朝鮮半島と直接やり取りを行うことが非常に難しい側面がありました。そういった意味では、少し不利な立場にあったわけであります。そのために、日本海の交易の拠点であります出雲に対して、積極的な外交を仕掛けていった、そのように考えてよろしいかと思います。

　しかし、こうした吉備と出雲との蜜月関係は、そんなに長続きしません。二世紀の末から三世紀の前半、弥生時代の終末期、考古学でいいます庄内式の段階になりますと、出雲のお墓からは吉備の土器がほとんど見られなくなり、前の時代と非常に対照的な在り方を示すようになります。その理由の一つとして、私は吉備で当時進行しつつあった飲食儀礼の形骸化が影響していたのではないかと思っ

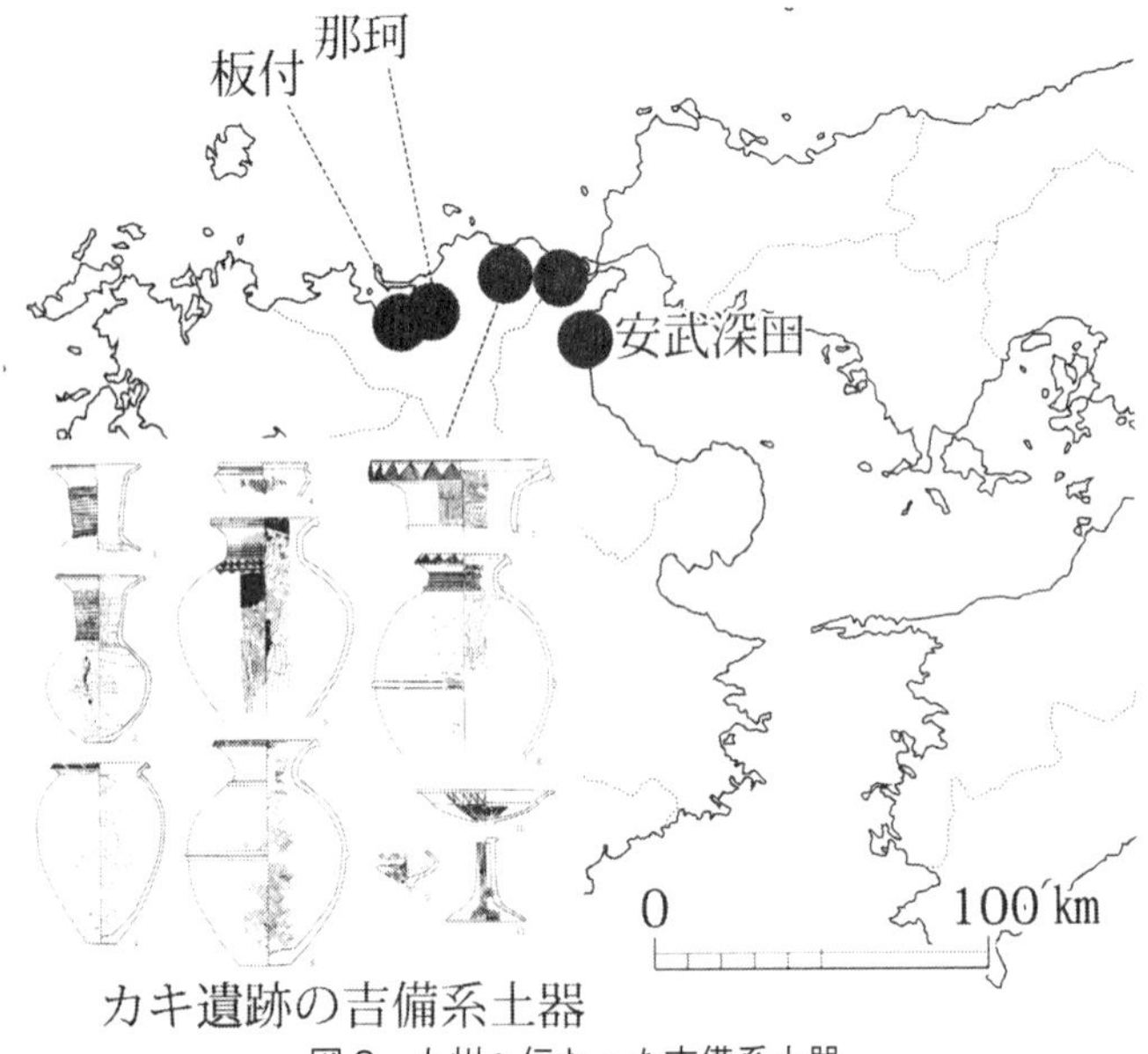

図３　九州へ伝わった吉備系土器
(出典：平井典子「弥生時代後期における中部瀬戸内と北部九州の交流」『古代吉備』第19集、1997年より作成))

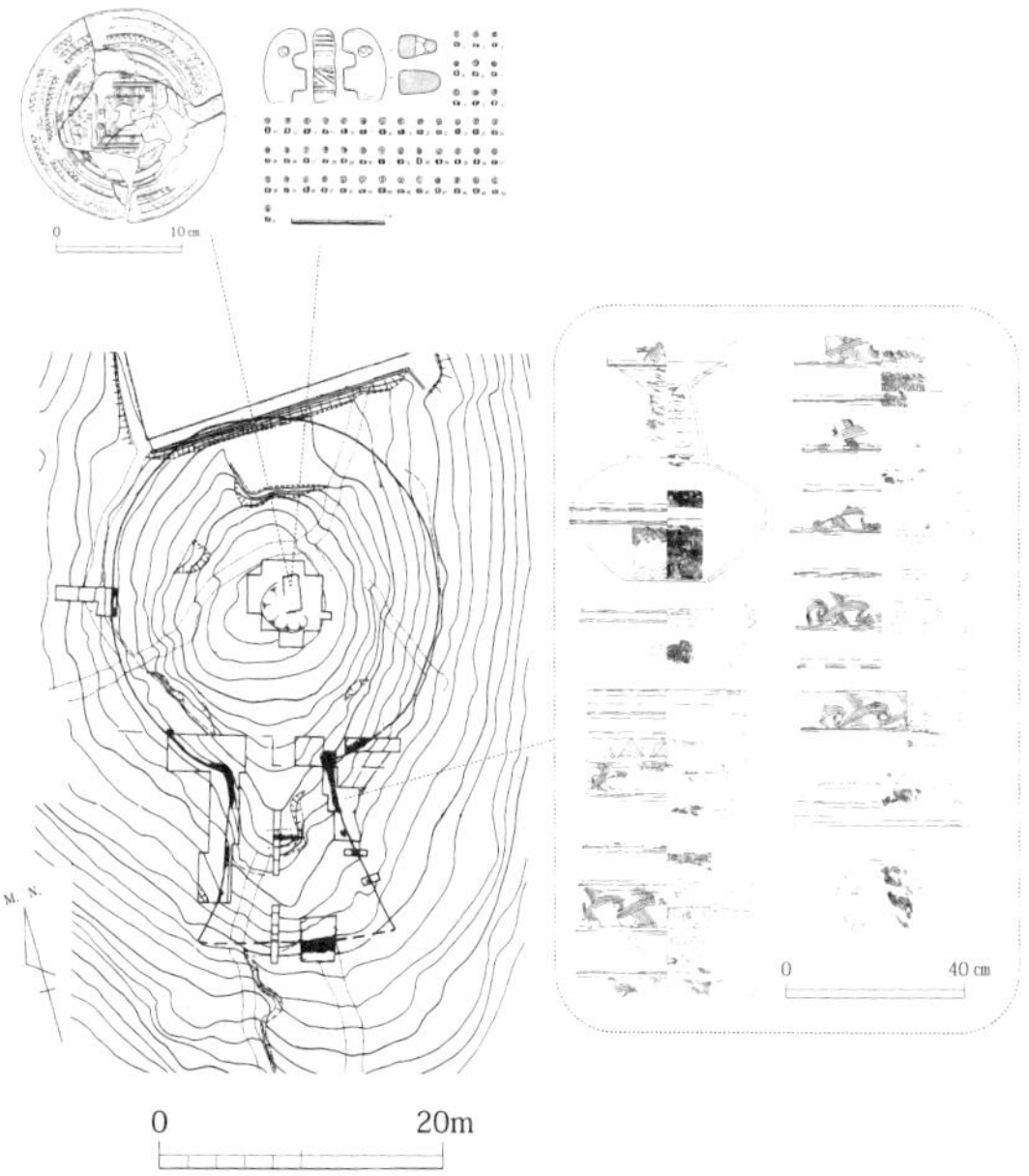

図４　矢藤治山墳丘墓

ております。こちらは楯築墳丘墓から出てきた特殊壺で、飲食儀礼が終わったあとに、壺の底に穴を開けています。要は祭祀の後に二度と使えなくなるようにするという、そういう風習が吉備にはありました。これが弥生時代の終末期になりますと、最初から底に穴を開けた壺を使い始めます。つまり、実際には飲食に使えない、極めて形式的な、象徴的な儀礼へと変化していくのです。

図４は岡山県の矢藤治山《やとうじやま》墳

丘墓という、三世紀前半の前方後円形の形をしたお墓でありますけれども、こちらのほうからは、墳丘の周りから特殊器台・特殊壺がたくさん出ていますが、一方、楯築墳丘墓にあったような高杯や小型の脚付きの壺のような、実際の飲食をするための土器は全く出土していません。

このように、吉備では、それまでの首長と集団がともに飲み食いをする、集団祭祀的な飲食儀礼と決別し、首長が集団から隔離されて、その地位を強調するような祭祀へと変化していく。いわば後の埴輪祭祀へつながっていく動きが看て取れるわけです。

一方、出雲はどうかということですが、出雲では、先ほどお話したとおり、吉備の土器をたくさん受け入れますけれども、穴を開けたものは全くありません。出雲では、実際に飲み食いをするという儀礼行為を非常に重要視していたのです。このため、穴の開いた飲食ができない特殊壺を受け入れずに、新たに自分たちの、出雲独自のお祭り用の土器というのを創出していくようになります。

このように、弥生時代終末期、三世紀の前半には、出雲と吉備は別々の道を歩み始めるのです。

三、古墳時代の展開―繁栄、そして曲がり角

続きまして、古墳時代のお話に移りたいと思います。先ほど松木先生のお話にもあったとおり、出雲の古墳というのは、実は出雲だけではなくて、出雲から伯耆・丹後といった日本海沿岸地域一帯がそうですが、列島でも稀な大型方墳をつくり始める地域となります。一般に、方墳というのは前方後円墳よりもランクが低いとみなされがちなのですけれども、先ほどの松木先生と私は全く同じ考え方で、この時期の出雲の方墳という墳形は、必ずしも出雲の政治的な低さを示すものではないというように思っております。**図5**は先ほどお話しました出雲の大型方墳、こちらが大成《おおなり》古墳、こちらは造山《つくりやま》1号墳になりますけれども、下にある弥生時代の王墓であります西谷九号墓、三号墓とほぼ同じ大きさになります。大体六〇メートル×五〇メートルで、さらに少し長方形気味の形をしているといった点も共通している。一部には隅が飛び出ているものも見られるということで、これは明らかに前代の弥生時代の王墓を意識してつくっていたとみて間違いないと思います。すなわち、出雲の大型方墳というのは、弥生時代の出雲王の正当なる後継者であることを内外に示すために、このような墳形を選択したものと理解してお

ります。

　この時期の出雲を含めた日本海沿岸の地域性というのは、この墳形以外にも様々な要素が認められるのですが、一つだけ取り上げますと、鑿頭式鉄鏃《のみがしらしきてつぞく》という鉄の鏃―鑿《のみ》の形をした鏃です―の分布を見てみますと、出雲から因幡、伯耆、丹後、摂津、山城、大和という、出雲と大和を結ぶ地域に濃密に分布しているのが見て取れるかと思います（図6）。先ほどの松木先生のお話で、

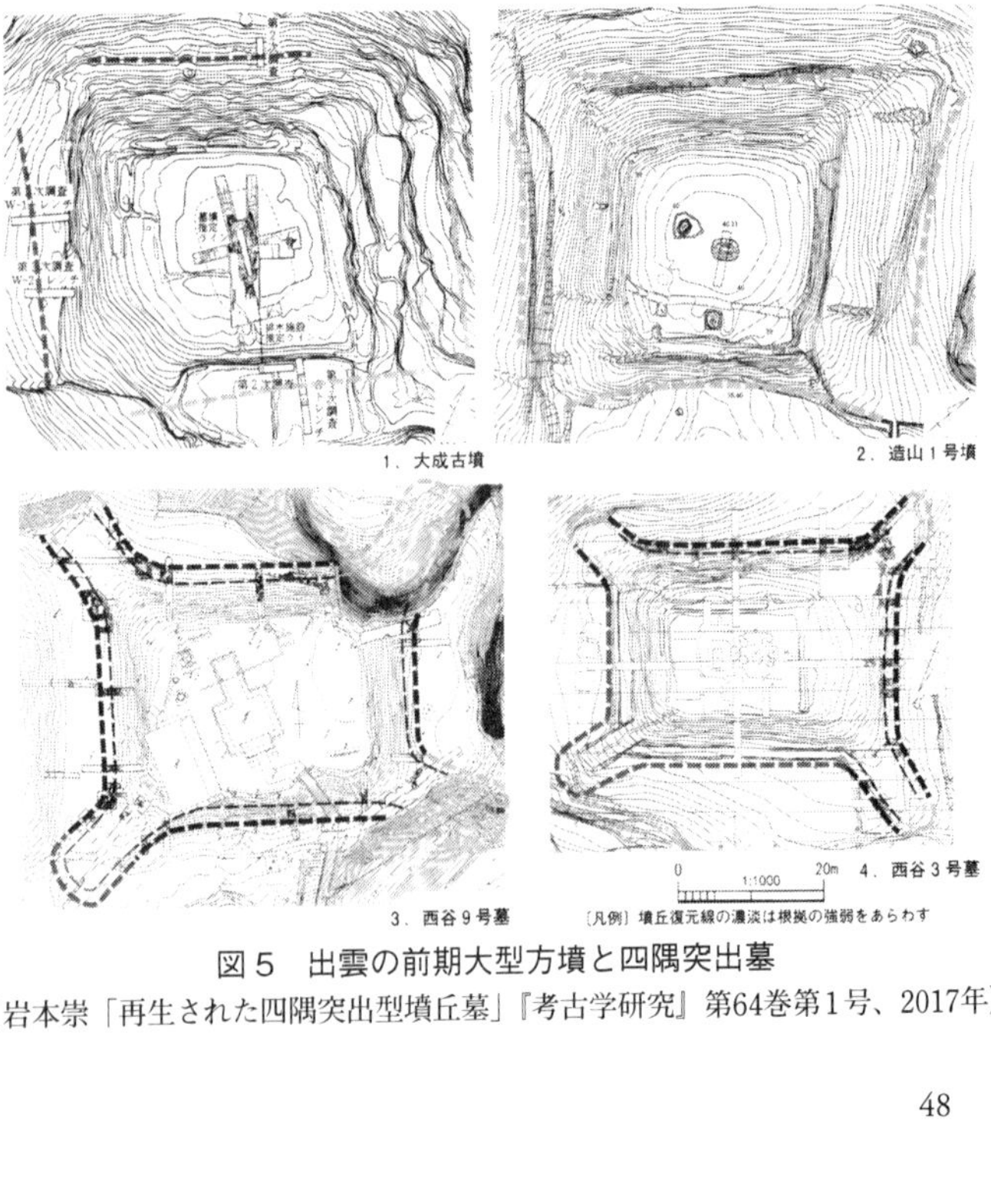

図5　出雲の前期大型方墳と四隅突出墓
（岩本崇「再生された四隅突出型墳丘墓」『考古学研究』第64巻第1号、2017年）

銅鏃が大和を中心に分布して出雲にはないといったあり方とは、非常に対照的な様相を示しているという点がお分かりいただけるかと思います。このような鑿頭式鉄鏃の分布状況にはどういう意味があるのかという点はなかなか難しいのですが、恐らく山陰、日本海沿岸の首長層と、畿内でも北部の首長層との間の何らかの交流、政治的な連携というものがあったことを示すものと考えております。

では、なぜ出雲は古墳時代になっても独自性を発揮できたのかということなのですが、これは弥生時代以来の日本海交易というものがなお健在であった、これによるところが大きいと考えております。弥生時代から古墳時代になりますと、出雲平野では交易拠点が山持遺跡から古志本郷遺跡へと移動するのですが、ここからも引き続き朝鮮半島の土器がたくさん出土してお

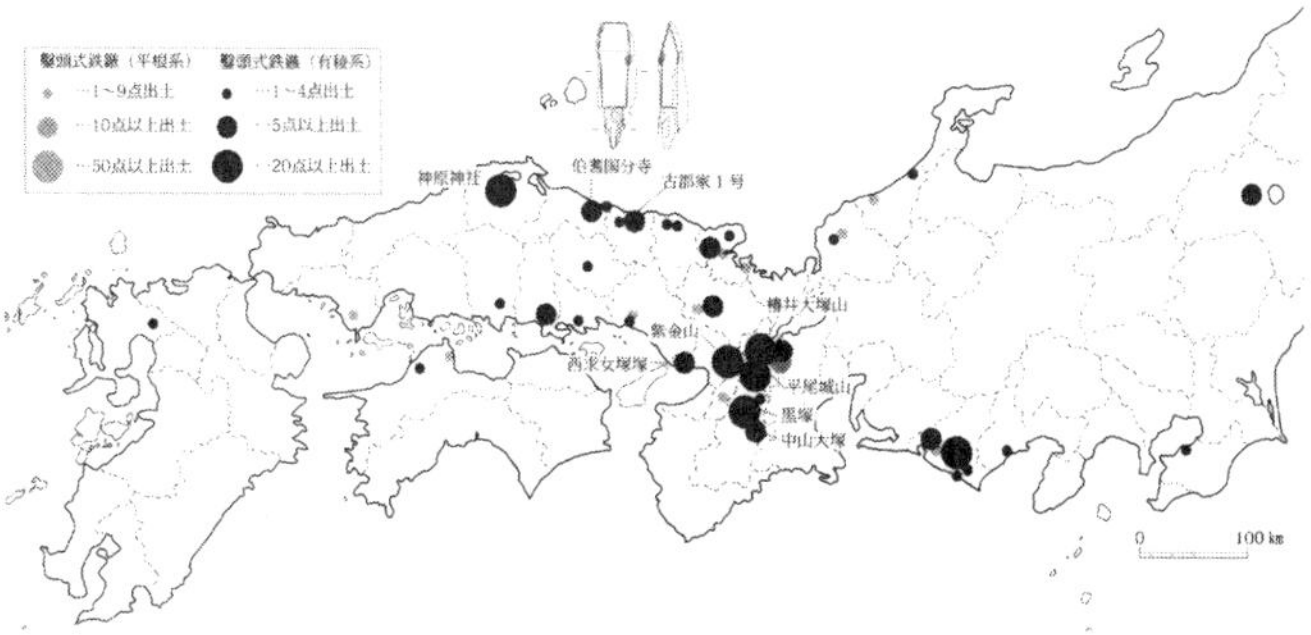

図６　鑿頭式鉄鏃の分布

りまして、交易拠点としての出雲平野の重要性というのは弥生時代から変わることがありません。さらに、当時の列島での最大の交易拠点であります福岡市の西新町《にしじんまち》遺跡、この遺跡はたくさんの朝鮮半島の土器が出土する遺跡として有名ですけれども、実は山陰の土器、特に出雲の土器がまとまって出ている点が注目されます。さらに出雲の土器は、海を渡って朝鮮半島からも出土しています。すなわち、古墳時代になっても、出雲は北部九州と連携して倭韓交易において非常に重要な役割を果たしていた地域であるということが言えるかと思います。

　こうした状況というのが大きく変わってくるのが四世紀の前半から中頃になります。この時期になりますと、出雲では大型方墳が突如として消滅しまして、これに替わって前方後円墳が一斉に出現してまいります。これとともに、古志本郷遺跡や、福岡の西新町遺跡といったそれまでの交易拠点は一斉に衰退していきます。

　こうした変化の背景としましては、それまで大陸の窓口としての役割を担っていた楽《らく》浪《ろう》郡が三一三年に滅亡し、朝鮮半島の政治的な混乱によって、それまでの倭韓交易システムが解体していく。そうした中で、倭王権が新たに直接朝鮮半島、特に南部の金官伽《きんかんか》耶《や》という国と直接的な交渉を持つに至ったことが大きかったと考えております。その中で、それまで出雲が担っていた対外交易上の優位性というのは失われていくわけであります。

　これに関連して、注目すべきで伝承が、先ほどの映像の中にもありました日本書紀崇神紀に書かれている神宝検校《しんぽうけんぎょう》伝承というお話であります。もちろんこれは史実とはなかなか言い難いところがあるのですけれども、この話は先ほど映像にあったとおり、出雲大神の神宝の献上をめぐって出雲内部で争いがあり、最終的には出雲振根《いずもふるね》という首長が王権によって討伐されてしまうというお話です。ここで注目されるのは、神宝が献上されたときに、出雲の首長である出雲振根は筑紫国へ行っていたと書かれている点であります。これはまさに先ほどお話しました三世紀後半の朝鮮半島と列島との交易で、出雲が筑紫、つまり北部九州と密接な関係にあったということと符合している点は注目してよいかと思います。もう一つ注意しておきたいのは、この伝承では、出雲振根が殺されたあと、出雲大神のお祭りが一旦中断するのですけれども、その後、倭王権によってその祭祀が再開されることがセットとして語られている点であります。

　図7は出雲大社境内遺跡から出てまいりました玉類ですけれども、この出雲大社境内遺跡でこうした玉類を使った王権的なお祭りが始まるのは、まさに四世紀の前半から中

図７　出雲大社境内遺跡出土の玉類
（所蔵：出雲大社、写真提供：出雲市）

頃からであります。

世界遺産にもなっております有名な福岡県の沖ノ島遺跡、ここで国家的な海上祭祀が始まるのが、まさに四世紀の前半から中頃になります。こういった現象というのは、先ほどお話しました、この時期の斉一的な前方後円墳が日本海側に一斉に出現してくる動きとも恐らく連動しているのだろうと考えられるわけです。現在では推測に過ぎませんけれども、この神宝検校伝承の背景には、それまでの北部九州＝出雲が主導していた日本海交易が倭王権の管掌下に入り、倭王権の下で沖ノ島や出雲大社境内遺跡などの新たな海上交通の祭祀拠点が形成されていった、そういった事実が何らかの形で伝承に反映されている可能性を考えてみたらどうかな、と思っております。

以上、まとまりのない話になりましたけれども、私のほうからの報告を終わらせていただきます。ご清聴、ありがとうございました。

【第1部】出雲と大和―ヤマト王権成立前夜―

大和―ヤマト王権成立前夜―（報告②）

北井利幸　先生

はじめに

みなさん、こんにちは。ただいまご紹介いただきました奈良県立橿原考古学研究所附属博物館の北井利幸と申します。本日は、大和を代表して、ヤマト王権成立前夜の大和についてご報告いたします。大和を代表してと言いましたが、私は生まれも育ちも兵庫県で、大和には縁がありません。むしろ、父親が島根県の出雲市大社町出身のため、島根県と縁があります。子どもの頃は、夏休みになると出雲に帰省し、稲佐の浜で泳ぎ、出雲大社の境内を駆け回っていました。そのため、今回のシンポジウムのお話をいただいたときには非常に嬉しく思いました。

まず、〝大和〟という場所は、現在の奈良県北西部に位置する奈良盆地の南東部を指し、ヤマト王権成立の地と考えられています。これは定型化した最初の前方後円墳とされる箸墓古墳が成立した場所であることと、古墳時代前期を代表する大規模集落の纒向遺跡が成立した場所という二点によります。では、なぜこの大和にヤマト王権が成立したのでしょうか。これを考えるにあたり、ヤマト王権成立前夜の奈良盆地の状況、つまり弥生時代後期の社会変化を明らかにする必要があります。

この問題を考えるため、次の三点からヤマト王権成立について検討していきます。一点目は奈良盆地における銅鐸祭祀の終焉時期、二点目は青銅器生産遺跡の移動と製品の変化について、三点目は古墳時代初頭の古墳祭祀の検討になります。

北井利幸（きたい・としゆき）**先生**

奈良県立橿原考古学研究所附属博物館学芸課主任学芸員

1978年、兵庫県生まれ。龍谷大学大学院文学研究科国史学専攻博士後期課程単位取得満期退学。専門は日本考古学。主な著作として「特殊器台・特殊壺の型式学的研究」（『ヒストリア』218）、「キビ地域の銅鐸祭祀の終焉と特殊器台の成立について」（『菟原Ⅱ　森岡秀人さん還暦記念論文集』菟原刊行会）、「特殊器台、特殊壺の編年に関する一考察」（『龍谷大学論集』Ⅱ）など。

一、銅鐸祭祀の終焉

まず、銅鐸祭祀の終焉についてお話します。先ほど吉備と出雲の話の中で、いずれの地域も銅鐸祭祀を早々に取りやめて、王墓が成立するというお話がありました。では、奈良はどうだったのか。現在、奈良県内で確認されている銅鐸は二三点、破片化した銅鐸が八点あります（表1）。外縁付鈕式の銅鐸が七点、突線鈕式の銅鐸が五点です。突線鈕式はさらに五形式に分類されますが、奈良県内では一番古い段階に位置付けられる1式しか見つかっておりません。その多くは奈良盆地内で発見されました。突線鈕2式以降の銅鐸は、現在のところ見つかっておりません。

しかし、2式以降の銅鐸は埋納された状態で確認されていないだけで、破片化した状態で三遺跡から七点出土しています。表に挙げましたとおり、大福遺跡、脇本遺跡、纒向遺跡の三遺跡になります。大福遺跡といいますのは、奈良盆地の南東部、桜井市にございます。集落を囲う溝の中から弥生時代後期中葉の土器とともに、突線鈕式銅鐸の破片が銅鏃や土製の鋳型外

高さ（cm）	備考
3尺	
60.2	辰馬406号
30	
21.7	秋篠4号
約44.5	
60	石上1号
58.7	石上2号
22.2	秋篠1号
22.1	秋篠2号
22.2	秋篠3号
42	
23	
不明	
41.8	
40～50	
43.5	
21.8	
45	
33.3	
32.9	辰馬414号
21.6	
37.5以上	
33	
	双頭渦文飾耳片1点
推定45cm	身の破片1点（鋳造欠陥品）
	身の破片3点
	身の破片1点
	舞の破片1点
	ヒレの破片1点

	出土地名・遺跡名	型式名	文様
1	長岡野地（宇陀郡）	推定・突線鈕式	近畿式か
2	推定　大和国（奈良県）	突線鈕1式	流水文
3	葛下郡上牧村観音山（北葛城郡上牧町高井）	外縁付鈕1式	四区袈裟襷文
4	添下郡平城村大字秋篠（奈良市秋篠町）	外縁付鈕1式	四区袈裟襷文
5	伝　大和国（奈良県）	外縁付鈕2式	縦型流水文
6	山邊郡丹波市町石上（天理市石上町平尾）	突線鈕1式	流水文
7		突線鈕1式	流水文
8	添下郡平城村大字秋篠（奈良市秋篠町）	扁平鈕式	四区袈裟襷文
9		扁平鈕式	四区袈裟襷文
10		外縁付鈕1式	四区袈裟襷文
11	宇智郡坂合部村田殿大字火打野小字丸山（五條市火打野）	扁平鈕式	六区袈裟襷文
12	南葛城郡吐田郷村大字名柄字田中	外縁付鈕2式	横帯流水文
13	宇智郡南阿太村瀧（五條市滝付近）	不明	不明
14	天理市竹之内町庵治山	扁平鈕式	六区袈裟襷文
15	御所市大字櫛羅小字高間田	外縁付鈕式～扁平鈕式	
16	奈良市山町早田	外縁付鈕2式	横型流水文
17	生駒郡平群町廿日山	外縁付鈕2式	四区袈裟襷文
18	桜井市大福遺跡	突線鈕1式	六区袈裟襷文
19	伝　天理市櫟本町高瀬川	扁平鈕式	四区袈裟襷文
20	伝　大和国（奈良県）	外縁付鈕1式	縦型流水文
21	伝　大和国（奈良県）	扁平鈕式	四区袈裟襷文
22	吉野郡大淀町佐名伝付近	扁平鈕式か	六区袈裟襷文
23	伝　大和国（奈良県）	外縁付鈕2式	流水文
24	桜井市纒向遺跡	突線鈕3～5式	近畿式
25	田原本町唐古・鍵遺跡	外縁付鈕2式～扁平鈕式	四区袈裟襷文
26	桜井市脇本遺跡	突線鈕3～5式	
27	桜井市大福遺跡	突線鈕式	袈裟襷文
28		突線鈕式	
29	桜井市纒向遺跡	突線鈕式	

表１　奈良県の銅鐸一覧

枠、そして炉に風を送るための送風管といった、いわゆる青銅器を鋳造するための製作具とともに出土しました（図1）。

脇本遺跡は大福遺跡のすぐ後の時期に位置づけられます。弥生時代後期後葉から古墳時代初頭の遺跡で、同じく奈良県の桜井市にあります。突線鈕式銅鐸の破片が三点、土製の鋳型外枠、銅を鎔かした際に生じる銅滓などとともに出土しています

図１　大福遺跡（左）と脇本遺跡（右）の金属器生産関係遺物
（矢印は破壊痕跡箇所）

①大福遺跡（所蔵・写真提供：桜井市教育委員会）
②脇本遺跡（所蔵・写真提供：奈良県立橿原考古学研究所）

（図１）。大福遺跡では青銅器の鋳造だけでしたが、脇本遺跡では、鉄片を加工して鏃をつくっており、青銅器の鋳造だけでなく、鉄器の加工が新たに加わりました。これは注目すべきポイントです。纒向遺跡は古墳時代初頭の遺跡で、やはり桜井市にあります。突線鈕式銅鐸の破片が二点出土しています。このほか、銅鏃が一点、鉄鏃と鉄鏃を加工した際に出た鉄器の破片などがまとまって出土しています。砥石や金床石、あるいは鉄を熱する時に使う送風管なども出土しています。本格的な鉄器生産を認められます。

　弥生時代の後期前半までは、奈良盆地中央に位置する田原本町にあります唐古・鍵遺跡で、銅鐸や武器形青銅器などを製作しておりましたが、後期の前半に生産を停止します。この頃、奈良盆地では大福銅鐸や石上銅鐸など突線鈕１式の銅鐸埋納を最後に銅鐸が確認されていません。以上から、奈良盆地における銅鐸祭祀の終焉時期を弥生時代の後期前半、突線鈕１式までと考えます。

二、青銅器生産の推移

続きまして、青銅器の製作工房の移動と製品の変化について話をしていきたいと思います。奈良盆地では、弥生時代の中期から後期前半にかけて、唐古・鍵遺跡で銅鐸の他、銅鏃などの武器形青銅器を生産していましたが、後期前半以降、衰退していきます。衰退した頃に、大福遺跡で青銅器生産が開始されます。唐古・鍵遺跡の青銅器生産の終了と大福遺跡で生産が開始されるまでの間に突線鈕１式の銅鐸が埋納されました。奈良県内で確認されている最も新しい銅鐸が埋納されて以降、青銅器生産工房で銅鐸の破片が見つかります。弥生時代後期中葉の大福遺跡では銅鏃を生産し、弥生時代後期後葉から古墳時代初頭の脇本遺跡でも銅鏃を鋳造し、さらに鉄器の加工が加わります。ただし、この大福遺跡、脇本遺跡ともに、非常に短期間の操業でした。

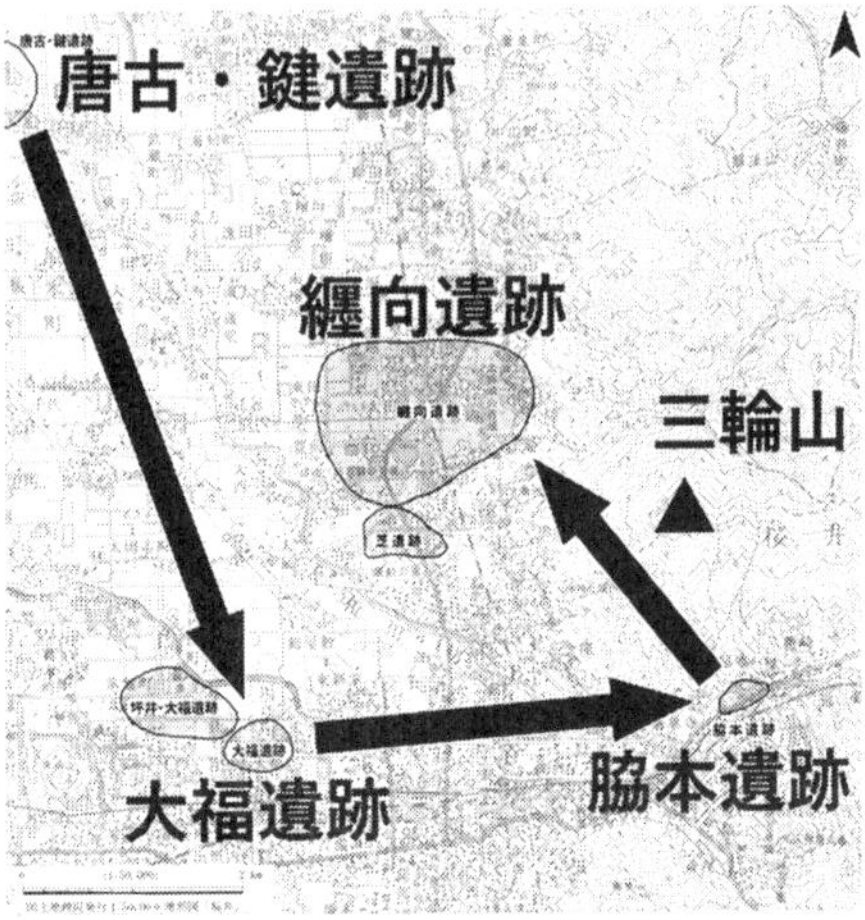

図２　奈良盆地の金属器生産遺跡の位置と移動

この次に位置付けられます纒向遺跡では、銅鏃の鋳造に加えて、鉄器の生産が行われます。銅鏃は先ほどの大福遺跡、脇本遺跡で見たような、弥生時代に分類されるタイプの銅鏃ではなくて、古墳に副葬される腸《わた》抉《ぐり》柳葉式の銅鏃が出土していることから同様のものがつくられていたと思われます。

ただ、鉄鏃の加工技術については、鏨《たがね》による切断を中心とした加工技術であり、脇本遺跡と似た技術です。こうした金属器加工、鉄器生産というのが纒向遺跡で行われました。次に各遺跡の位置関係を見ていきます。**図2**をご覧ください。唐古・鍵遺跡が図の左上にあります。弥生時代後期中葉の大福遺跡が唐古・鍵遺跡の南東に約六・

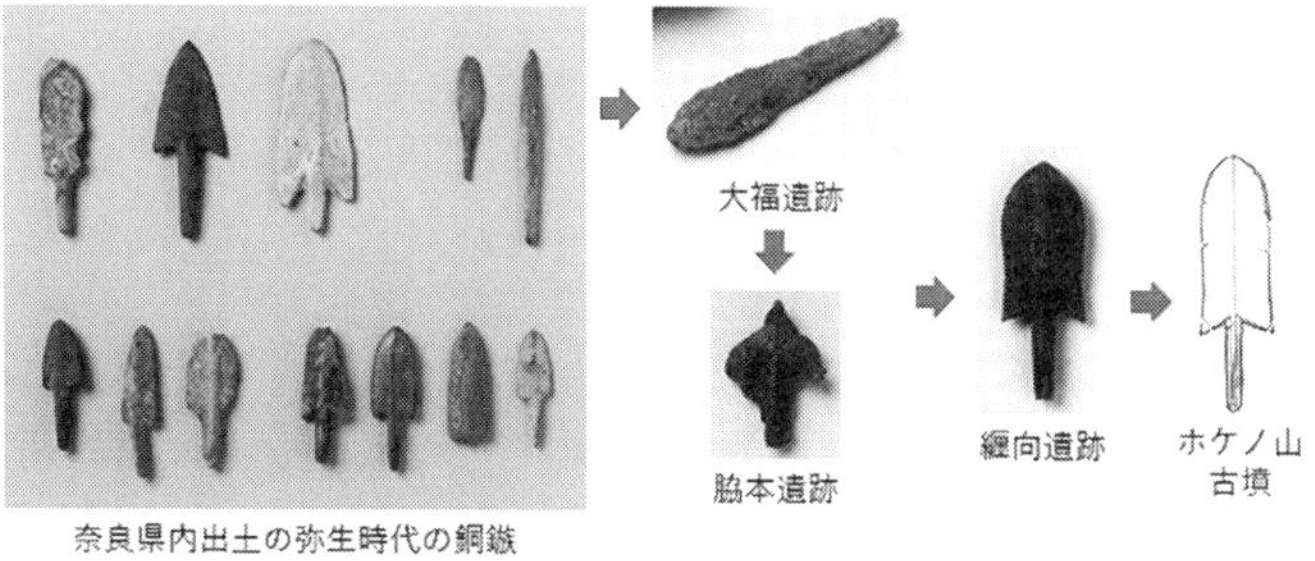

図3　銅鏃の形態比較（スケールは任意）

①奈良県内出土の弥生時代の銅鏃
（所蔵・写真提供：橿原考古学研究所附属博物館）

②大福遺跡
（所蔵：桜井市教育委員会、写真提供：橿原考古学研究所附属博物館）

③脇本遺跡・纒向遺跡（所蔵・写真提供：橿原考古学研究所）

一キロ離れたところにあります。大福遺跡から東へ約四・六キロ離れたところに脇本遺跡があります。纒向遺跡は脇本遺跡の北西に約四・五キロ、大福遺跡から北へ約三・四キロのところに位置しています。唐古・鍵遺跡で始まった青銅器生産が弥生時代後期前半以降に移動していく中で、銅鏃などの小型青銅器の生産に鉄器の加工が加わり、続いて鉄器生産が加わることから、弥生時代後期前半から古墳時代前期初頭にかけて徐々に金属器生産が発展的に変化していくことを確認できます。

弥生時代の銅鏃は柳葉形をしています。各遺跡から出土した銅鏃を図3に示しました。大福遺跡から出土したものもこのタイプの銅鏃です。脇本遺跡も、やはりこのタイプのものが中心です。纒向遺跡から出土したものは、ホケノ山古墳の埋葬施設から出土した銅鏃と非常によく似た形をしております。

　弥生時代後期前半以降、唐古・鍵遺跡という大規模集落の解体により、青銅器生産に従事していた工人が移動します。移った先の一つが大福遺跡、あるいは脇本遺跡です。唐古・鍵遺跡の衰退により、弥生時代を象徴する銅鐸の生産は終了し、別の場所で銅鏃等の小型品製作へと移行していきました。大福遺跡、脇本遺跡ともに銅鏃を生産しているわけですが、その原料として銅鐸片が使用されていました。この銅鐸片が突線鈕３式以降の銅鐸になります。一点目の銅鐸祭祀終焉の問題と関係しますが、銅鐸を打ち鳴らしたり、埋納したりせずに、破壊して原料として使用していることから弥生時代の祭祀形態を否定していることが分かります。**図１**をご覧ください。その破壊の痕跡が大福遺跡と脇本遺跡から出土した銅鐸片に確認できます。大福遺跡の銅鐸の舞と身の破片に叩いた痕や曲げられた痕などがあります。脇本遺跡から出土した銅鐸片を見ていただきますと、本来真っ直ぐなところが外側に曲がっております。同じく別の破片も、本来は湾曲しない部分が外側に向かって曲がっています。以上から銅鐸を敢えて破壊していることが分かります。ここから銅鐸祭祀を否定している、銅鐸祭祀をやめたということが見えてきます。

三、古墳時代初頭の古墳祭祀

三つ目の課題である古墳時代初頭の古墳祭祀についてお話しします。ここでは特殊器台・特殊壺を取り上げます。先ほどから何度も話に出てきている特殊器台・特殊壺が、奈良盆地の南東部に築造された古墳時代初頭の古墳から出土します。島根県出雲市の西谷墳墓群、あるいは岡山県倉敷市の楯築墳丘墓で見つかっております立坂型特殊器台ではなくて、特殊器台の中でも最も新しいタイプに位置付けられる宮山型特殊器台です。どこから見つかるかというと、奈良盆地の南東部、桜井市から天理市にかけて造られた前期古墳を中心とした大和古墳群です。この古墳群は、北か

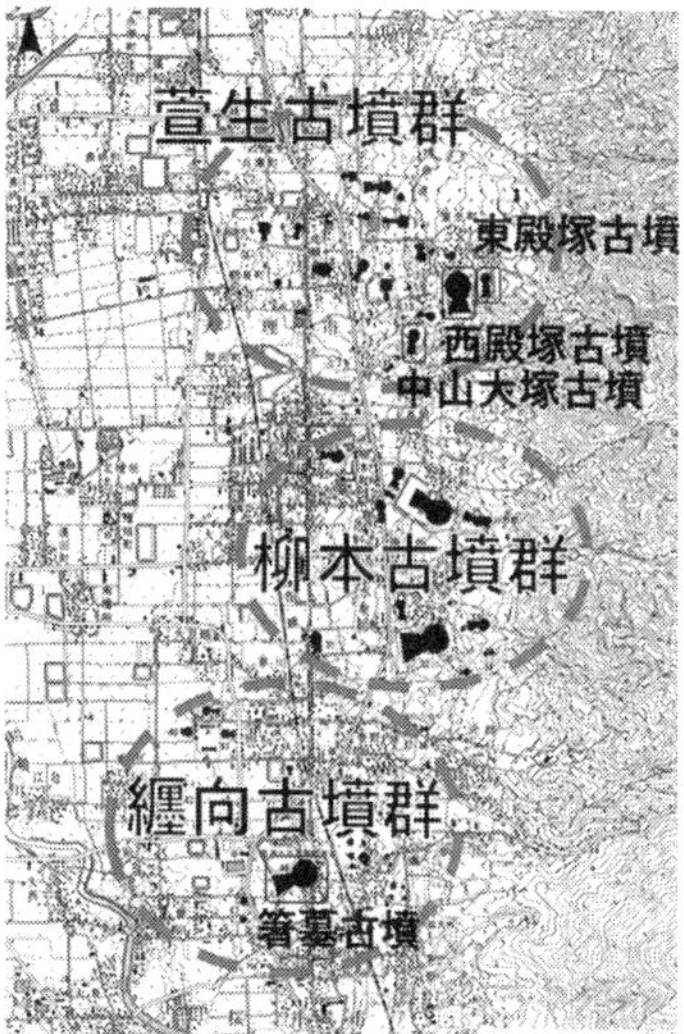

図４　特殊器台の出土した古墳
（出典：奈良県立橿原考古学研究所編『ホケノ山古墳の研究』橿原考古学研究所研究成果第10冊、2007年）

ら萱生古墳群と柳本古墳群、そして纒向古墳群というように、大きく三つに分けられます。特殊器台は一番北側に位置する萱生古墳群で多く認められます。

この他、纒向古墳群内に位置する箸墓古墳と、箸墓古墳から西へ約三・八キロ離れた葛本弁天塚古墳からも見つかっております。次に各古墳で特殊器台がどのように使われたのかを見ていきたいと思います。

まず、奈良県出土の特殊器台で最古に位置づけられる中山大塚古墳では後円部に築かれた竪穴式石室を土で埋めた後、特殊器台を破砕して供

(出典：田中英夫・奥田尚「奈良県中山大塚古墳の特殊器台形土器」『古代学研究』109号、古代学研究会、1985年)

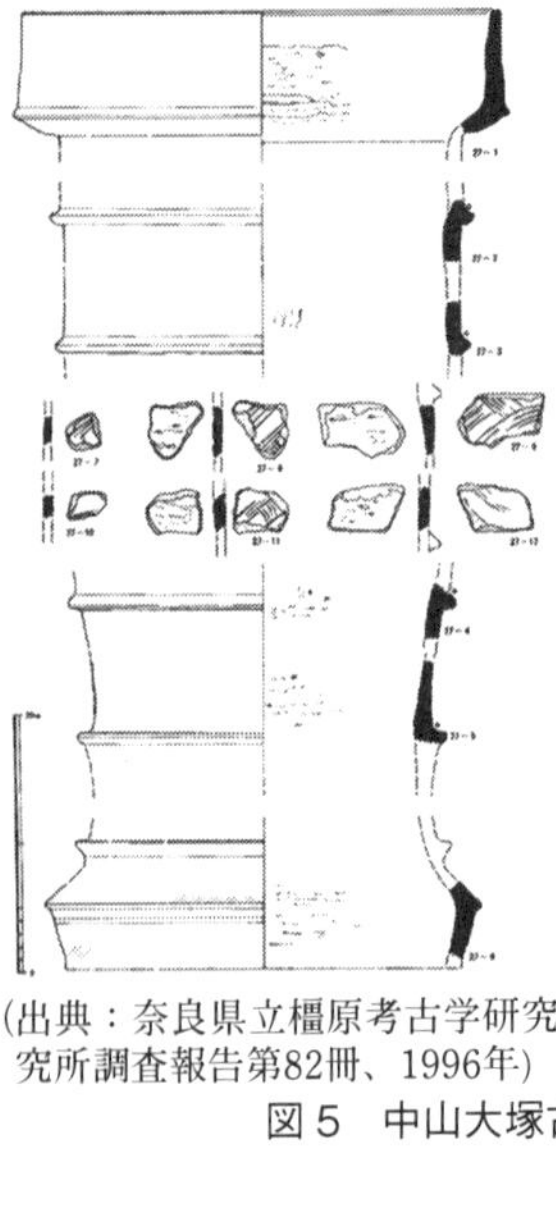

(出典：奈良県立橿原考古学研究所『中山大塚古墳』奈良県立橿原考古学研究所調査報告第82冊、1996年)

図５　中山大塚古墳出土の宮山型特殊器台

献しています。意図的に壊して撒いた状態です。中山大塚古墳の次に位置づけられる箸墓古墳では、後円部の墳頂部で見つかりました。次の葛本弁天塚古墳では、墳丘上を囲うようにして立て並べていました。

このように被葬者を埋葬後に埋葬施設上で使うものから、墳丘上で使うもの、そして立て並べるものへと、機能が徐々に変化していることが指摘できます。

四、ヤマト王権成立前後の大和

特殊器台を用いる古墳が萱生古墳群に多いとお話ししましたが、奈良盆地の多くの古墳は特殊器台を用いません。

一番古い特殊器台を持つ中山大塚古墳は全長一三〇メートルの前方後円墳で、竪穴式石室を持ち、鏡・武器などを副葬している立派な古墳です。この古墳のほかに、同じように特殊器台、銅鏃、鉄鏃などを持っている古墳、あるいは持たないけれども、この中山大塚古墳と前後する時期に造られた古墳を見ていきます。まず、中山大塚古墳よりも古く、特殊器台・特殊壺を使用しない墓を見ていきます。橿原市の瀬田遺跡というところで、二〇一六年に円形の周溝墓が見つかりました。円形の墳丘に陸橋状の前方部のような突出部が付きます。この墓から特殊器台は見つかっておりません。次も中山大塚古墳より古く、纒向２類の新段階に位置付けられる纒向石塚古墳です。こちらも同じく前方後円形をした墓ですが、特殊器台は見つかっていません。副葬品・土器等から中山大塚古墳と同時期に位置づけられるホケノ山古墳からも特殊器台は見つかっていません。

　では、これらの墓に埋葬された人たちは一体何者なのかと考えていきます。先ほど青銅器生産遺跡の話をしましたけれども、今見た墓と同じような時期に大福遺跡や脇本遺跡で青銅器を生産していました。纒向石塚古墳の後に造られたホケノ山古墳の埋葬施設から銅を鎔解《ようかい》するときに生じる銅滓《どうさい》が見つかりました。銅滓がなぜ副葬されたのか明らかではありません。ただ、埋葬された人物の職掌を示す漁具や鍛冶具、製塩土器などが副葬されることがあるため、ホケノ山古墳の銅滓も、被葬者が青銅器生産を行っていた人物、またはそれを管理していた人物である可能性を示していると考えることができます。ホケノ山古墳の被葬者は青銅器生産に関わる人で、金属器生産を背景にして勢力を伸張させた人物だと捉えられます。

　そう考えていきますと、箸墓古墳が成立する前の段階、つまりヤマト王権成立前夜の大和には、特殊器台・特殊壺を採用した大和古墳群の北側に位置する萱生古墳群の集団と、ホケノ山古墳の被葬者がまさにそうですけれども、金属器生産を発展させながら勢力を伸張させていった集団などがいました。これらの集団が統合する形で箸墓古墳が成立し、ヤマト王権が成立したと考えられます。

ヤマト王権成立前夜の大和には、大きな墓がないとよく言われますが、瀬田遺跡で円形周溝墓が見つかったことから、認識を改める必要が出てきました。また、金属器生産を発展させるなど各集団が積極的に活動している実態も見えてきました。これらの成果として箸墓古墳が成立したと捉えられるのではないかと考えられます。これで私の報告を終わりにしたいと思います。

【第1部】出雲と大和 —ヤマト王権成立前夜—

パネルディスカッション

「出雲と大和、吉備から見るヤマト王権成立前夜」

パネラー

松木武彦 先生

北井利幸 先生

池淵俊一

司会

田中史生 先生

早稲田大学文学学術院　教授
1967年、福岡県生まれ。國學院大学大学院文学研究科日本史学専攻博士課程後期修了。博士（歴史学）。専門は日本古代史・国際交流史。著書に『日本古代国家の民族支配と渡来人』校倉書房)、『倭国と渡来人』（吉川弘文館)、『国際交易の古代列島』(KADOKAWA)、『渡来人と帰化人』（KADOKAWA）など多数。

○田中史生

田中です。私は専門が文献史学で、文字を中心に研究をしております。しかし今回は考古学が議論の中心です。非専門の立場から、できるだけ会場のみなさんの目線で進行ができたら良いなと思っています。

本日のテーマは出雲と大和ですが、実は吉備というのが影の主役として登場しております。そこで、本日も出雲、大和、吉備の三者を絡めてディスカッションをさせていただきたいと思います。大きくは三つの話で進めようと思っています。

（一）青銅器祭祀や墳墓祭祀の目的、果たした役割、その変化をどのように理解していけば良いかという基礎的なものをまず確認したい。

（二）なぜヤマトが列島の権力の中心になったのだろうということについても、それぞれの地域から見ていきたい。

（三）いわばテーマの主役ともいえると思いますけれども、弥生の後期から古墳時代前期にかけての出雲という地域の役割、あるいは変化をどう理解していくか。こういったことを考えてディスカッションを進めていきたいと思います。

早速でございますけれども、一番目の議論、祭祀の目的や社会的機能をどう理解するかについて、お話を聞いていきたいと思います。祭祀とは一体何なのか、どのような役割を果たしたのか。それから、青銅器祭祀と古墳祭祀の違い、あるいはそれが転換していくという意味をどのように考えれば良いのかということについて、少し大きな問題ですけれども、松木さんのほうからお話しいただければと思います。よろしくお願いします。

○松木武彦

青銅器の祭祀も墳墓の祭祀も共同体を維持して繁栄していこうという点では、目的は同じです。祭祀というのは世界観だと思うのです。「我々はみんな平等で、話し合ってやっているんだ」とか、「我々の共同体は神が守っていて、神と直接話ができるのはあの人だ」とか。まさにそのようなことで、青銅器の祭祀も墳墓祭祀も社会の構造が全然違うということはないです。ですから、それは簡単に転換してしまうということはやはりあるわけです。民主主義の労働者の国の王みたいな人物が現れることもありますから。祭祀というのは社会に対してかなり外的なものであり、戦略として、どれでいくかというのを取り入れる側面があるのだろうと思うのです。

青銅器祭祀というのは「みんなで共同でやりましょう」という祭祀で、集団の平等性などを重んじる祭祀。墳墓祭祀というのは、「この人は神とつながっているすごい人で、この人の言うことを聞いていたらうまくいくだろう」という個人のリーダーシップ。ですから、青銅器祭祀をずっと連ねてきて、何かうまくいかない行き詰まったときに、強い個人を前に立てる墳墓祭祀が出てくるような、恐らくそういうタイミングがあったのだろうと思います。祀る対象がみんなの神から一人の王になるということは、やはり王が共同体の意思決定にすごい大きな力を持つようになったことを意味するのではないかなと思います。

○田中史生

もう一つ、墳墓祭祀、お墓の上で行う祭祀についてです。池淵さんのご報告によると、そこでは特殊器台と特殊な形の壺、こういったものを使って盛大な飲食儀礼が行われていたということでした。ただ、祭祀と飲食儀礼との結び付きというのは、古代に限らず、人類史上、あるいは現代の私たちでもよくみられるものです。また、祭祀の場と飲食儀礼を行う場が区別されることもあるかもしれません。では、飲食儀礼をキーワードとしたとき、青銅器祭祀と墳墓祭祀の違いはどのように考えればよいのでしょうか。また、特殊器台や特殊壺のそのときの役割はどうなのでしょうか。

しかも、吉備では飲食儀礼が、特殊壺に穴を開けて、形骸化し、お酒を入れられない状態になっています。形だけそこに置いているということになると、そこでは飲食儀礼は多分やっていないということになるのですよね。

そういう場合の形骸化の意味、つまり飲食儀礼からみたときに、青銅器祭祀と墳墓祭祀、あるいは形骸化というのは、どのような社会状況として捉えられるかということを教えていただきたいと思います。

○池淵俊一

分かりました。**図1**をお願いできますでしょうか。

こちらの左側の図が西谷三号墓の飲食儀礼の想像図です。真ん中のほうに夫婦かキョウダイかと思われる人、その周りに共同体、集団の成員がたくさん並んでいます。中には吉備、それから北陸や丹後の方からやって来た人が並んで、たくさんの土器を用いて何らかの儀礼を行っているというのを想像図で書いたものです。右側の写真は実際に西谷三号墓でみつかった土器の出土状況です。この土器群の下に埋葬施設があって、棺を埋めた上にお祭りに使った土器を集積するというのが山陰の飲食儀礼の大きな特徴になっております。土器のほとんどが小型の壺や低脚杯《ていきゃくつき》、これは一種の盃ですが、そう

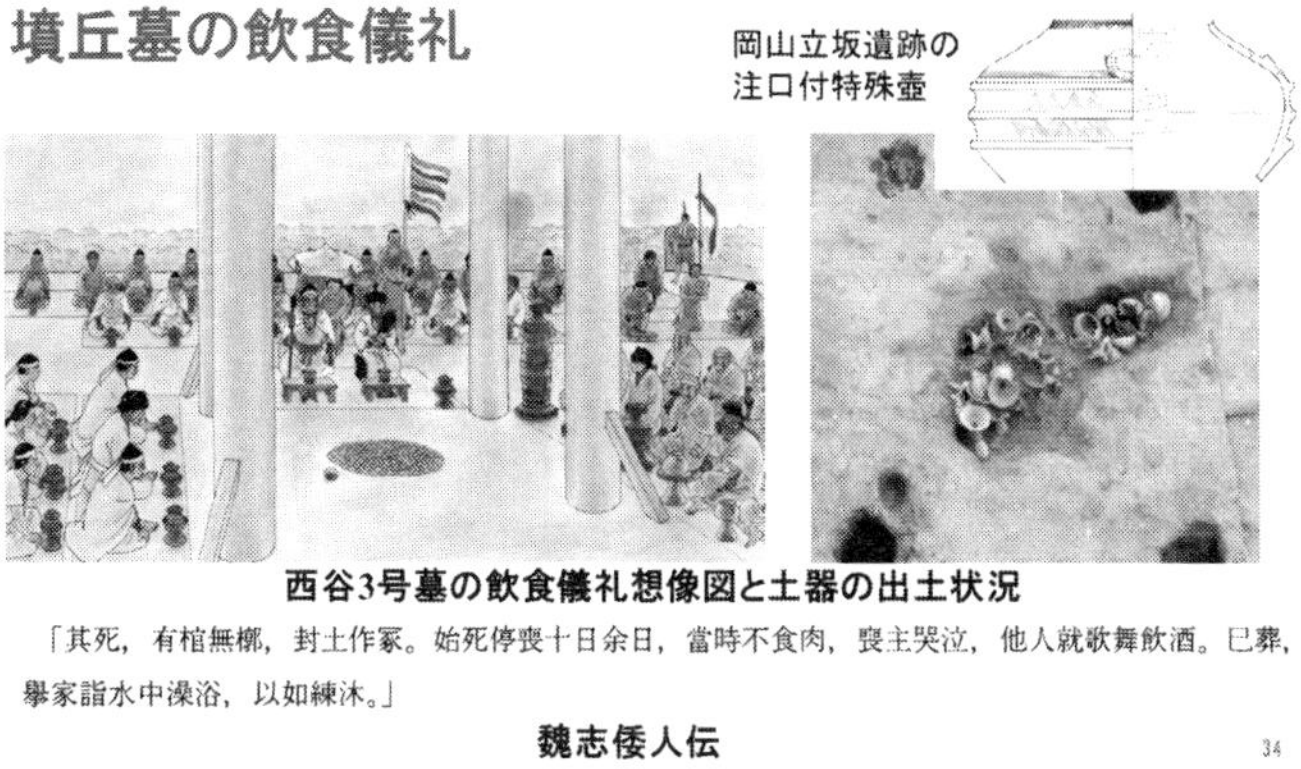

図１　西谷墳墓上のまつり（想像図・早川和子画）、使われた土器の出土状況
（画像・写真提供：出雲市）

いった飲食に伴うものです。では、一体何を飲食していたのか。右上に示した、岡山県立坂遺跡から出てきた特殊壺には、胴部に穴が空いています。これは注口といいまして、もともとやかんの口が付いたようなものが外れた跡ですので、恐らく中には液体が入っていたのだろうと思います。松木さんのお話の中で、「呑兵衛だったら『これは酒だ』」というお話がありましたが、魏志倭人伝には、人が亡くなったときに、喪主は泣いて、ほかの人は歌舞飲酒をするということが書いてあります。恐らく、お酒を使った儀礼、特に特殊壺に入った聖なるお酒を首長が共同体の人々とともに飲むことによって、お互いの絆を確かめ合う、そういった社会の統合のための非常

に重要な儀礼が、このお墓の上で行われたことに大きな意味があったと思っております。

この特殊壺・特殊器台がどのように出現してきたのかという点については、なかなか難しいのですけれども、これは楯築墳丘墓で初めて生み出された土器であります。これはある意味、楯築墳丘墓をつくったカリスマ的な首長によって創出された一種の新興宗教の祭器としか考えようがないと思っております。それを共有していたのが吉備一円の地域でありまして、地域社会を統合するための非常に重要なアイテムとして、こうした土器が使われていたと思われます。

もう一つ、飲食儀礼の形骸化、いわゆる象徴化がなぜ起きたのか、という点はなかなか難しいのですけれども、やはりそこには首長と集団、共同体の人たちとの関係が大きく変わっていったことに起因するのではないかな、と思っております。何回かお話に出ました、矢藤治山墳丘墓という三世紀前半の弥生終末期の吉備のお墓でも特殊壺・特殊器台は出土するのですけれども、実際に集団が飲食する坏のような土器というのは一切出てこない。このお墓のお祭り、元は首長と集団の人たちが一緒に飲み食いをする儀礼だった場から、集団成員が締め出されてしまう。最終的には、前方後円墳に埋葬された首長の周りを何重にも埴輪によって囲っていくという、本来は飲食儀礼用の道具であったものが、首長の隔絶化した特別な立場を強調する道具へと大きく変化していったのだろうと考えております。

○田中史生

墳墓の中にみんながある程度入って飲食儀礼をするところから、特定の人だけが入れる、あるいは飲食儀礼をそこでやらないという状態に変わっていくという形で、吉備の場合は墳墓の性格も変わっていっているという説明だったかと思います。以上のようなお二人の話を踏まえると、大和の場合は、青銅器の祭祀の終焉、それから墳墓の登場というのが吉備や出雲と少しだけタイムラグがあるなど、色々違いがありそうな感じもします。青銅器祭祀の終焉、あるいは墳墓祭祀の登場というのをどのように考えればよろしいのでしょうか。

○北井利幸

図2を見ていただきますと、弥生時代後期前半には東海地方から近畿地方にかけては銅鐸祭祀を行っています。それに対して、吉備と出雲地域では墳墓祭祀を行っています。これが示す通り、大和では、出雲・吉備において墳墓祭祀が行われている段階にまだ銅鐸を使用しています。正確にいえば、銅鐸祭祀終焉の直前にあたります。

図３は当該期の状況を代表する遺跡とともに挙げた図になります。左上に出雲の状況を示しました。加茂岩倉銅鐸埋納後、四隅突出型墳丘墓で立坂型特殊器台を用いています。同時期の吉備ではやはり高塚銅鐸埋納後に楯築墳丘墓で立坂型特殊器台を用いていいます。

では、大和はどうかといいますと、大和Ⅵ－３様式の頃は銅鐸祭祀をちょうど終えたぐらいになります。終焉後すぐ、これから銅鐸を鎔かして銅鏃を作り始める時期、つまり銅鐸祭祀の否定にかかっている時期になります。

今の話をまとめたものが**図４**になります。出雲・吉備において銅鐸祭祀が終わると

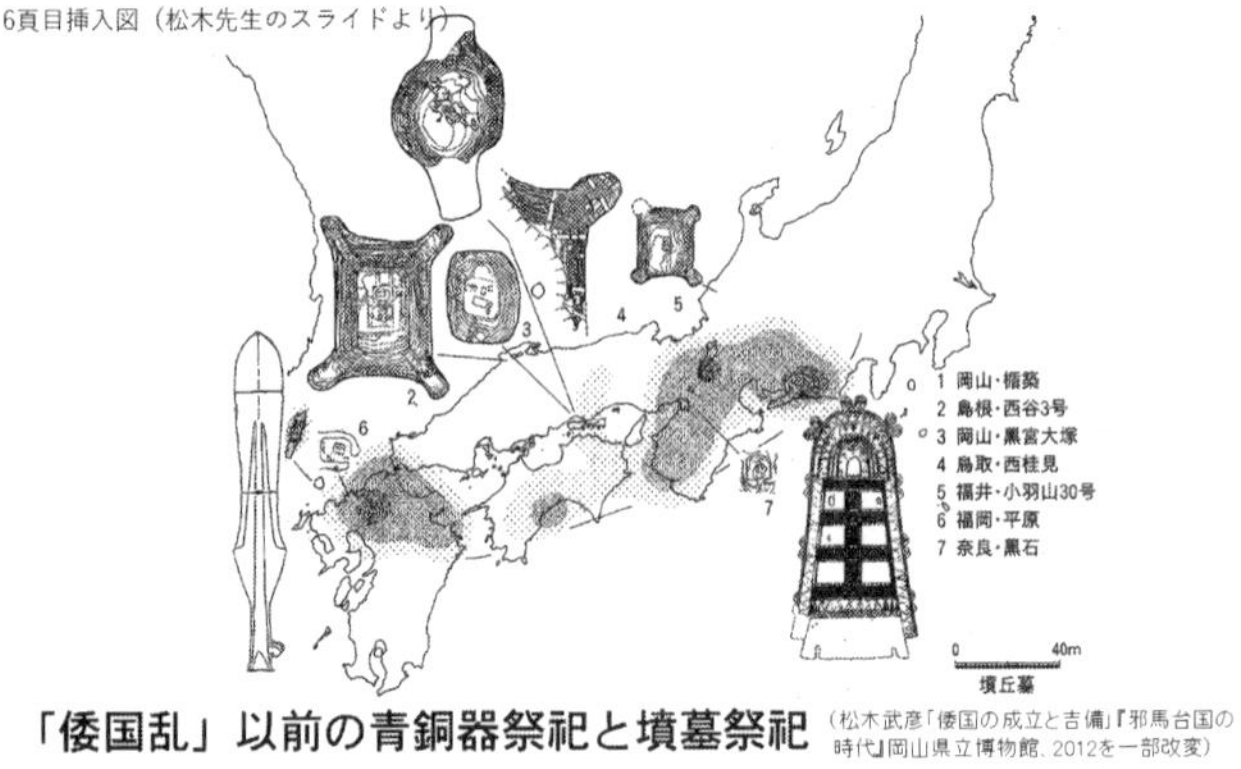

図２　青銅器の祭りと墓の祭り

（出典：松木武彦「倭国の成立と吉備－「邪馬台国の時代」展によせて」『邪馬台国の時代』（岡山県立博物館平成24年度特別展図録）岡山県立博物館、2012年を一部改変）

ともに墳墓祭祀が始まります。しかし、大和は銅鐸祭祀終焉後、銅鐸を破壊し、銅鐸を原料とした金属器生産を開始します。つまり、出雲や吉備と異なりすぐに墳墓祭祀が始まらないことが見えてきます。

この次の段階、**図４**の向木見型の段階になりますが、出雲では四隅突出型墳丘墓で墳墓祭祀が行われ、吉備では墳丘墓上で特殊器台を用いて墳墓祭祀を行っています。この段階になりますと、大和でも大型の墳墓がみられますが、吉備や出雲のように特殊器台など専用の土器を用いた祭祀は確認できません。

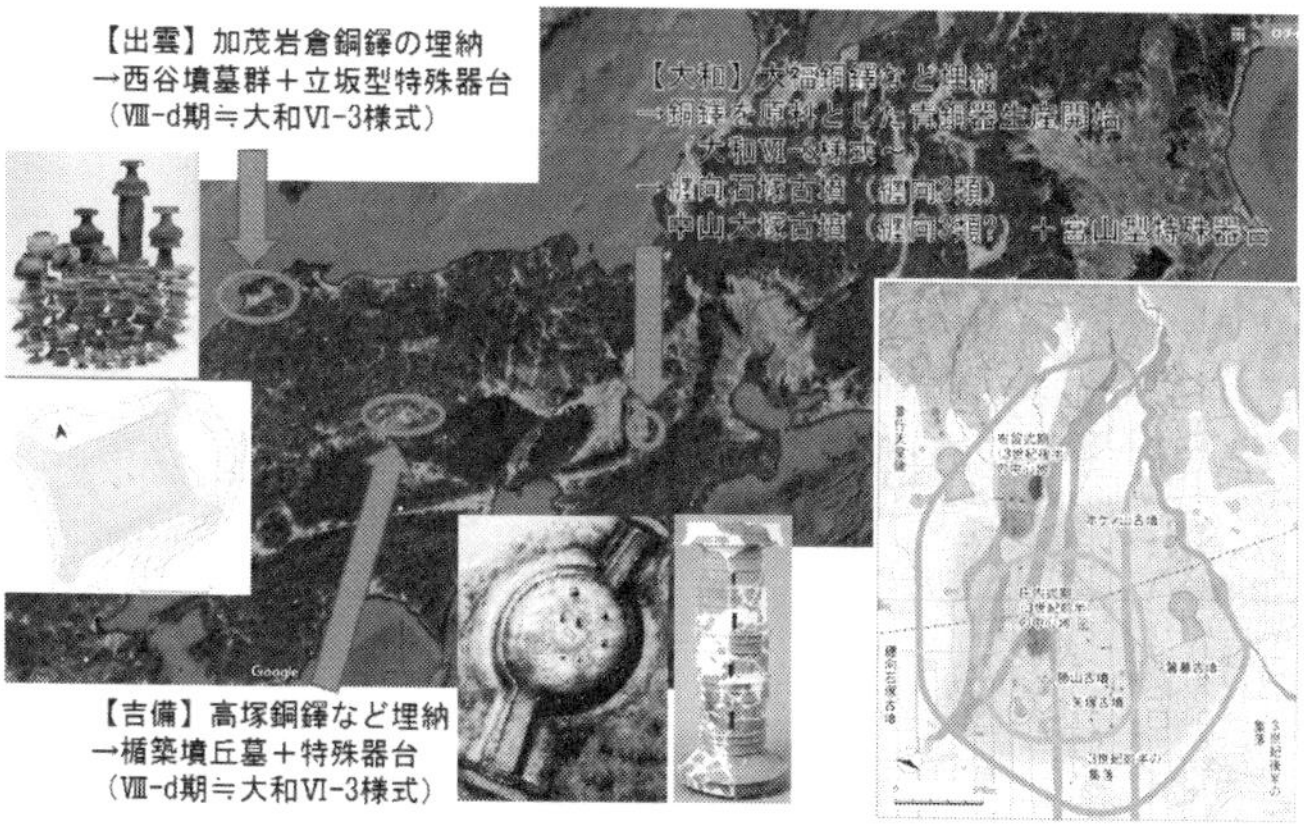

図３　出雲と吉備の墳墓（弥生時代後期）
①西谷３号墓出土土器　所蔵：島根大学考古学研究室、写真提供：出雲市
②楯築弥生墳丘墓の復元想像図　画像提供：山陽新聞社
③楯築墳丘墓特殊器台　所蔵：岡山大学考古学研究室、写真提供：岡山大学埋蔵文化財調査研究センター、撮影は㈱コンテンツによる

	立坂型 ≒Ⅷ−d期	向木見型 ≒Ⅸ期 ≒纒向1〜2類	宮山型 ≒Ⅹ−a期 ≒纒向3類	Ⅹ−b期 ≒纒向4類 ≒布留0式
出雲	西谷墳墓群 ＋特殊器台	四隅突出型 墳丘墓	四隅突出型 墳丘墓	
吉備	楯築墳丘墓 ＋特殊器台	墳丘墓 ＋特殊器台	墳丘墓 ＋特殊器台 宮山古墳	
大和	大福遺跡 脇本遺跡 （銅鐸破壊と 金属器生産）	円形周溝墓 （瀬田遺跡） 前方後円墳 （纒向石塚古墳）	前方後円墳 ＋特殊器台 （中山大塚古墳） 前方後円墳＋銅滓 （ホケノ山古墳）	箸墓古墳

図４　銅鐸祭祀終焉後の各地の変化

では、それがいつ確認できるのかというと、次の段階の中山大塚古墳になります。

中山大塚古墳では、宮山型特殊器台が出土しています。加えて、特殊器台の形骸化した特殊器台型埴輪と円筒埴輪も出土しています。出雲・吉備の墳墓祭祀と比べかなり形骸化した状態であるということがわかります。

こうした状況が大和古墳群の北側に位置する萱生古墳群で確認できます。一方で、南側に位置する纒向古墳群の周辺では青銅器生産を管理する人が中心と考えられることから、特殊器台・特殊壺を用いた墳墓祭祀を行う集団と、それとは異なる集団が併存していたと考えられます。大和の古墳の中に吉備が接近してきた様子を読み取れますが、大和と吉備がすぐに手を組んだという状況を、奈良盆地の中ではなかなか確認ができません。

○田中史生　そうすると、青銅器生産を行うグループと、特殊器台や特殊壺を持ち込んで祭祀を行うグループがあり、特殊器台や特殊壺で行う墳墓祭祀は、吉備などの影響があると考えて良いわけですよね。

○北井利幸　そうですね。吉備の影響が非常に強く出ています。

○田中史生　青銅器生産を持ち込んだグループは、それとは別だと考えたほうがよろしいのですか。

○北井利幸　青銅器生産は在地の勢力と捉えられます。

○田中史生　墳墓祭祀を行うのはどのような影響と考えられますか。

○北井利幸　墳墓祭祀の影響は、やはり吉備の影響を大変強く受けています。中山大塚古墳の後に築造される箸墓古墳の後円部上で特殊器台を使用することから、墳墓上で行う祭祀の影響はやはり吉備にあると考えられます。

○田中史生

そういうことになると、大和における墳墓祭祀の始まりというのは、吉備などの影響によって始まったというような話になってくるのかなと思いますけれども、いよいよ列島の権力の中心地がなぜ大和盆地に生まれたのかということが問題となってきます。北井さんはヤマト王権成立前夜の奈良盆地というのが、特殊器台を使うグループや青銅器を生産するグループが並立して一つのセンターがない状況であったというところから、奈良盆地が列島の権力の中心地になっていくという背景をどのように理解されているのでしょうか。少し難しい質問ですけれども、考えをお聞かせください。

○北井利幸

奈良盆地は、南北約三〇キロメートルで東西が約一五キロメートルと狭く、四方を山で囲まれていて、大きな河川もありません。人々が管理しやすいとされる幅が五～一〇メートル程度の川が多くあります。地理的にみても、ちょうど日本列島の中心地に奈良盆地が位置しています。

図5の矢印は、おおよその人・物の流れを示しています。奈良盆地は朝鮮半島や北部九州など西側から東へ人や物が移動する際に瀬戸内海を東へ進み、大阪湾で陸地にあたり、山を越えたところになります。船を降りてすぐに奈良盆地があるのではなく、大阪平野から大和川をさかのぼった先、山を越えた先にようやく奈良盆地があります。そのため外敵の侵入、あるいは攻撃などに対して、対処しやすいところです。また、奈良盆地からさらに東へ行くには、纒向遺跡のすぐ東の初瀬谷から行けます。東の東海地方や関東地方へと非常に人の行き来がしやすい土地でもありました。

以上のことから、奈良盆地が自然と中心地になり得たのでしょう。威信財などの配布も地理

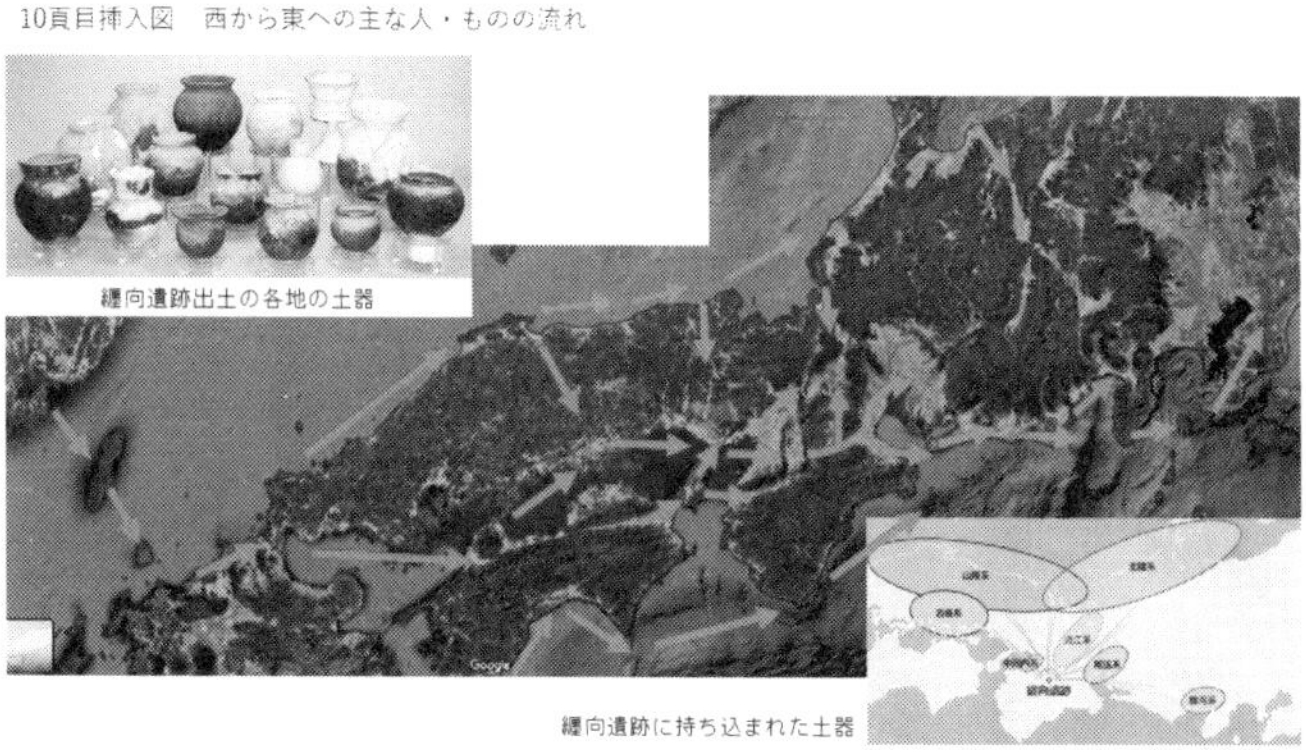

図5　西から東への主な人・ものの流れ
（纒向遺跡出土搬入土器　所蔵・写真提供：桜井市教育委員会）

的な要件が強く作用したと考えられます。

○田中史生

私は特に対外交流史を中心に研究をしているのですが、古代の日本は東アジア各地との交流が重要であるとよく言われるわけです。しかしそれだけで説明すると、中心は九州で良いのではないか、福岡の糸島地域からなぜ大和に移らなければいけないのかと思うわけでございます。けれども、今のお話によると、奈良盆地は、西日本と東日本をつないでいく重要な場所、そこから東日本に広がっていく接点になっているということになるかと思います。今回の話の筋は、吉備は元々、弥生の後期は出雲とつながっていたけれども、そのうち出雲ではなく、大和とつながるようになっていったということでした。それが墳墓祭祀という形で大和にもあらわれてくるということなのですけれども、そもそも吉備は、なぜ大和とつながったのかという問いは、吉備がなぜ東日本ともつながるような場所との関係を重視するようになったかということにもなります。また、北井さんの話を踏まえると、東日本そのもののポジションが列島史全体の中で、上がっている気もします。これは日本史という大きな枠がどうしてできたのかという問題にもなるかと思いますけれども、この辺り、東日本というものも踏まえた形で、吉備が大和を選択していったことをどのように考えるかについて、少し松木さんからお話を聞かせていただきたいのですけれども。

○松木武彦

私は何となく吉備が大和に擦り寄っていったみたいな話をしたのですけれども、少し自虐的に過ぎたかなという気がします。逆に今、ディスカッションの中で思うことは、大和が吉備に近づいていく側面があったのではないかと思うのです。

一つは、楯築が二世紀のものだとすると、そのときに大和には王がいないわけですから、大和の人も「ヤマト王権が成立する一〇〇年前に、すごい王が楯築にいたんだ」ということは意識していたと思うのです。そのような自分たちのイデオロギーのルーツみたいなものが吉備にあるのではないかというような、魅力というか、吉備のかつての王のお墓と似たお墓をつくることによって、ヤマト王権も正当化されるみたいな、意識があったのではないかと思うのです。そうすると、やはり楯築が倭国王帥升の墓だとすごく都合が良いですけれども。

それは別としまして、もう一つは経済的な問題で、これは池淵さんの報告の中でも非常に明快に触れられましたけれども、東日本にも届くようなネットワークのことを考えますと、東日本から東海道・東山道を通じて、あるいは北陸道を通じて大和、それから大和のウォーターフロントである河内に集まった物資は、日本海に行くよりも、瀬戸内沿いに流したほうがスムーズなのです。ところが瀬戸内海って結構航行が難しくて、備讃瀬戸や来島海峡などを乗り切るには独自の技術が必要で、やはり吉備がそのような力を持っていたと思うのです。吉備の場合は、今は陸続きになっていますけれども、児島と、今岡山市がある本土との間が入り江になっていて、東と西の口が開いていて通行できるようになっていた。吉備にたくさんの古墳ができるのは、そのような瀬戸内海上ルートの要衝であったからでしょう。

少し西のほうへ行きますと、来島海峡に臨む四国の今治の周辺にも古い古墳があるのです。東日本から朝鮮半島までをつなぐ、九州と河内を経由するルートの瀬戸内ルートを大和は開拓しようとしていたのでしょう。そのときに、吉備の力と技術は侮れないなというようなことで、大和から吉備へのベクトルみたいなものがあったのではないかなと思います。

○田中史生

吉備との連携を模索しようとする大和の背後には、東日本もあったというお考えでしょうか。

○松木武彦

そうですね。やはり東日本のほうは、西のほうの集落とは桁違いの人口を持った大集落が東京湾沿岸の市原市から千葉市にかけて集落ができて、人口の重心がずっと東のほうに移動してきているのです。そのようなものも含めて、九州から東日本までの広い範囲を倭人社会の視野に入れて、そこに何か仕組みをつくっていこうとすると、九州は西に寄り過ぎです。やはり真ん中の大和が、そういうことができるためにはちょうど良い位置ですよね。ですから、東日本における人口増加というのが鍵を握っているのではないでしょうか。

○田中史生

大和から吉備のほうにアプローチをしていくということになると、瀬戸内海を使うということですよね。瀬戸内海交通についても少し変化が見られることになるのでしょうか。

○松木武彦

そうですよね。瀬戸内海は瀬戸と灘が連続していて、古代ではむしろ日本海よりも航行がしにくいと言われるのです。しかし、そこに敢えて大きなルートをつくらなければ、ヤマト王権というのは展望がなかったのでしょう。ですから、海運技術を持った瀬戸内沿岸の勢力と積極的に連合を進め、結局、出雲ではなくて瀬戸内海沿岸に古い大きな古墳ができていくというのは、ヤマト王権の戦略を示しているのだろうと思います。

○田中史生

一方、今回、池淵さんが随分日本海の交通について重要な指摘をされています。ここでいよいよ弥生後期から古墳前期の出雲の役割ということについて話を進めていきたいと思いますけれども、池淵さんのお話では、対外交流を睨んだような日本海交通の重要性といったものが出雲の日本列島史におけるポジションを決定付けていたという話だったと思うのです。

この出雲の役割について考えるときに、吉備から見た弥生後期の出雲、あるいは日本列島史における出雲というものの位置付けは、どのように見ればよろしいのでしょうか。吉備から見た出雲、あるいは列島史から見た出雲の役割です。

○池淵俊一

日本海交易について若干補足させていただきたいと思います。

主なラグーン、潟湖の分布をみますと、瀬戸内海にも若干ございますが、日本海側でラグーンが非常に集中して分布しております。ラグーンとは、浅い湾になっているところが海岸流によって砂州が形成され、海と隔てられるようになる。そういった浅い内海が形成された場所です。天橋立のようなものが典型的な例になります。これは、潮の満ち引きの差があまりないところで発達するといわれておりますので、瀬戸内海ではなくて、この日本海側で非常に発達しています。ラグーンは非常に浅い内海なのですけれども、弥生時代や古墳時代の船は吃水《きっすい》が浅いことから、非常に利用しやすい天然の良港として使われていたと考えてよいかと思います。

こういったラグーンを見下ろすところに大きな前方後円墳があるというのは、昔から森浩一先生などがご指摘されているとおりであります。

図6のように、出雲というのはまさにラグーンの典型的な地域であります。これは弥生時代の出雲平野を示したものです。今はもう水田、陸地になっていますが、当時は神門水海という入海が形成されておりました。今は神西湖という形でその痕跡が残っております。その入海から少し川を遡ったところに、山持遺跡や古志本郷遺跡といった拠点的な交易集落が形成されている。このようにラグーンに隣接して交易の中心地が形成さ

れる典型的な例だと考えています。

もう一つ、この出雲が日本海交易上で重要な役割を果たした要件としましては、瀬戸内海とは異なり、日本海の場合は非常に単調な海岸線が続きます。その中で、出雲は、島根半島が日本海に向けて飛び出している、遠洋航海において、ランドマークとなりやすい場所です。さらに筑紫と大和を結ぶちょうど中間の場所に出雲が位置しています。このような地形的な条件から、出雲が日本海交易において非常に中核的な役割を果たす場所になっていたのではないかと思っております。

○田中史生

先ほど池淵さんがお話したよう

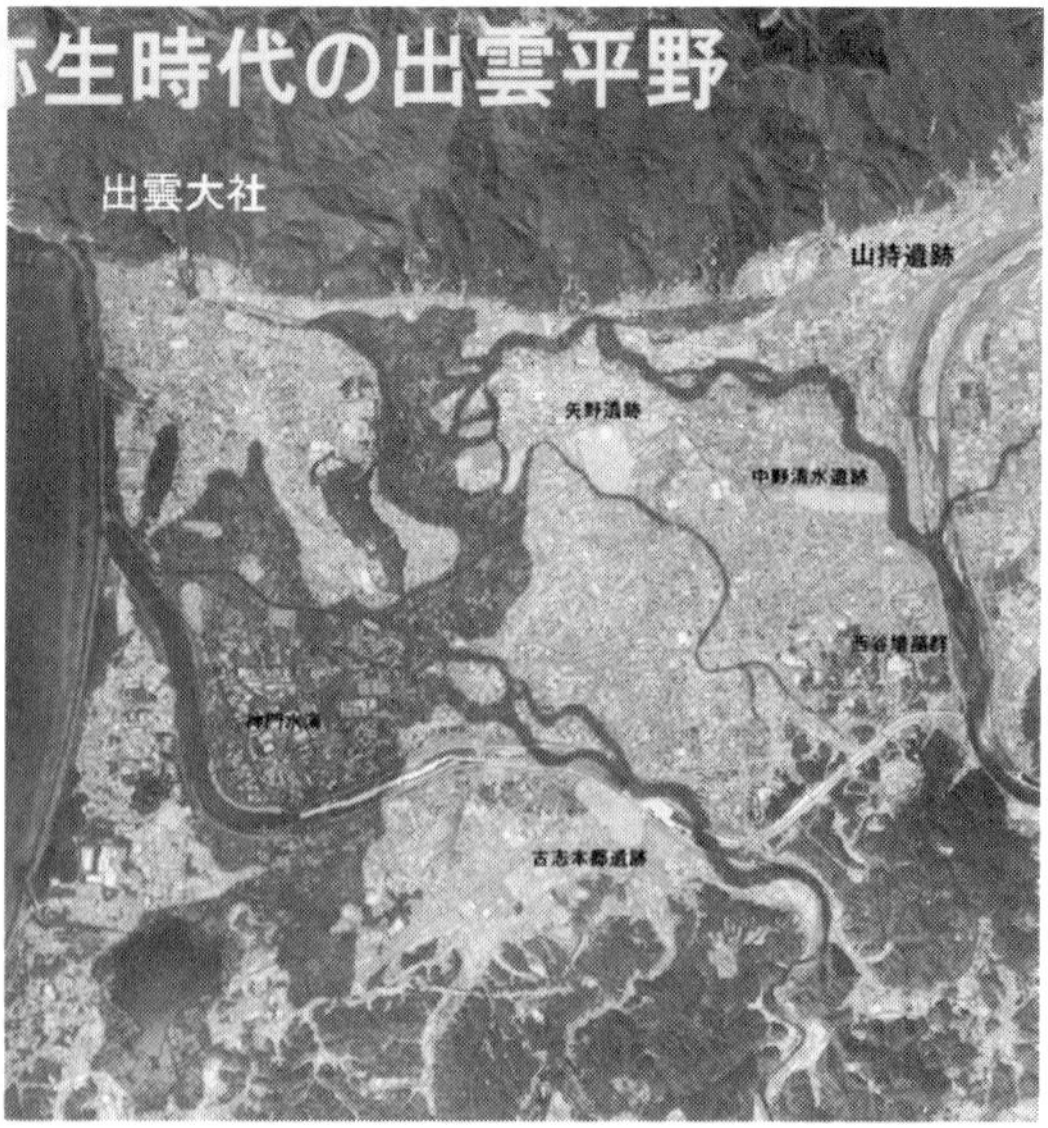

図６　出雲平野のラグーン環境（写真提供：出雲市）

に、ラグーンというのは重要な港となります。日本海側にはこうした港が点々とあって、弥生後期の日本列島を縫うような立派な海上交通路は、むしろ日本海側にあったということになります。そのなかで、たとえば韓国から成田へ向かう飛行機で窓側に座ると、島根半島と能登半島が突き出ているのがよく見えます。古代の対外交易のときもそうだったのでしょうけれども、ランドマークとなりやすい出雲が日本海交通においても重要な役割を果たしたということなのでしょう。松木さんの考えだと、吉備が対外交流をするときには、出雲を使って交流を行っていたということですよね。

○松木武彦

かつてはそうでした。楯築・西谷の連携のころまではそうだったのです。

○田中史生

それがヤマト王権、あるいは政権が成立する前夜から話が変わってきて、吉備のほうは大和を中心にして瀬戸内海交通、九州のルートを重視するようになったということですね。しかし、一方で、出雲は依然日本海側のルートを持っています。

○池淵俊一

そうですね。出雲というのは、朝鮮半島系の土器というが非常にたくさん出てくる地域です。これは列島での北九州の土器の出土状況を示したものですけれども（図7）、北部九州の土器が出雲平野から集中して出土しているというところがお分かりいただけるかと思います。

　そういった北部九州と出雲との日本海を介した極めて緊密な関係というのは、弥生時代、それから古墳時代前期の前半期、三世紀いっぱいはそういった関係が続いていました。そういった意味では、出雲は弥生時代から交易上非常に優位な場所にあったといえるかと思います。

　私個人の考えとしては、いわゆる前方後円墳体制というのは、一つには、そういった弥生時代の対外的な交易において、不利

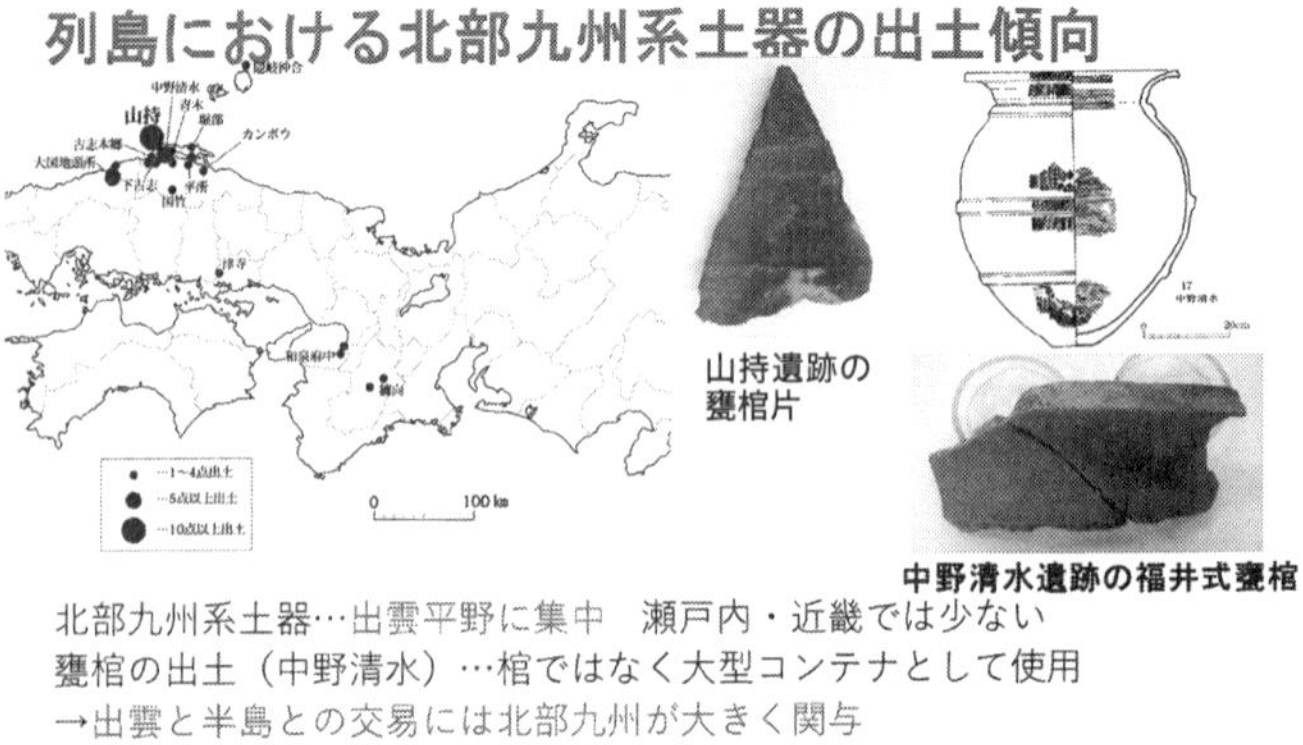

図７　列島における北部九州系土器の出土傾向
上：山持遺跡出土　　右下：中野清水遺跡出土（北九州系）
所蔵：島根県埋蔵文化財調査センター、著者撮影
出典：『中野清水遺跡（３）・白枝本郷遺跡』島根県教育委員会、2006年

な状況にあった地域、例えば畿内や東国地域などが、何らかの連携をして安定した対外的な交易網を構築する、そういった側面が非常に強かったと考えております。出雲は前方後円墳体制に関与しているけれども、あまり深くコミットしなかった最大の理由としては、やはりそういったものに頼らなくても、独自にそれまでの既存の交易ルートでやっていけたという部分が大きかったのではないかな、と思っております。

○松木武彦

前方後円墳体制についての池淵さんの見解は正解だと思います。なぜ鉄のあるところに政権ができなくて、鉄のないところに政権ができたのかというようなことをよく言われるのだけれども、結局、今、池淵さんが経済的な要求というか、希求の上に政治的な構造も成り立っていくということで、非常に今の見解は面白かったです。

○田中史生

私の専門は文献史学なので、考古学が注目する墳墓の形がどのような歴史的意味があるのだろうと時々疑問に思うことがありました。しかし今のお話によると、前方後円墳は、いわば交易ルート、流通ネットワークを共有しているシンボルとして選択されている。一方、出雲はその流通ネットワークとは別に、日本海側に自前のものを持っているので、前方後円墳を採用することにはそこまで積極的でなかったということですね。池淵さんの話、あるいは松木さんの話もそうでしたけれども、出雲が古墳時代前期にむしろ四角い形を重視した背景には、かつてから四隅が少し出た、四隅を意識した墳墓があり、こうした伝統的な地域の王としての姿を表象させていた側面がある。出雲の首長墓の墳形は、伝統的な権威、あるいは権力を継承していることを対外的に示すという意味があるということでした。

ではもう一つ、大和の前方後円墳は何だろうという問題です。交流ネットワークの共有を表象としているだろうというのはわかりました。が、今日のお話の中では、例えば銅鏃武器の分布などから、吉備にはたくさんの大和から分配された武器、鏃があるわけですけれども、出雲には全然ない。軍事的な関係という意味において、吉備は大和との軍事的なパートナーとして重要な役割を果たしていたけれども、出雲はそういう面でもあまり関係がないという話もありました。そうすると、素人の私などが聞くと、墳形、あるいは前方後円墳の採用が、軍事的な関係も示すということをいっているのだろうかとも聞こえるのですが、そういう意味はあるのでしょうか。最初に池淵さん、次に松木さんにもお聞きします。

○池淵俊一

古墳時代の初頭において、大和と地方が軍事的にどのような関係にあったかという問題は非常に難しいのですけれども、松木さんのお話は、銅鏃が副葬されている古墳は明らかに畿内に中心があって、それを各地域、例えば吉備といった地域が共有しているということから、畿内とこれらの地域との間には軍事的な連携があったのではないか、というお話だと思います。

これはこれで事実なのですけれども、鏃にも様々な種類があります。鏃の中で中心となるのは柳葉《やないば》式という、柳の葉っぱをした形の銅鏃なのですけれども、私の報告の中でお話しした鑿頭《のみがしら》式というタイプの鉄鏃は日本海側、出雲から丹後、北陸といった地域に集中的に分布しているという、そういったあり方を示します。

ですから、畿内と地方との間には軍事的な連携はあるのだけれども、そのネットワークには複数のものがあって、一つは柳葉式銅鏃でつながるようなネットワークもあるだろうし、それ以外に、こういった鑿頭式鉄鏃でつながるような首長間のネットワークもあり、それぞれが重層して存在していたと考えられています。畿内も一枚岩ではなくて、例えばこの鑿頭式鉄鏃の場合は、大和盆地よりもむしろ山城や摂津の方からたくさん出ているのですけれども、そういった倭王権を構成するそれぞれの地域の有力首長と地方の首長たちは様々なネットワークを形成していたというのが、地方と王権との関係の実態であったのではないかというように思っております。

○田中史生

松木さんはどうですか。

○松木武彦

私も前方後円墳体制というのは、後の律令国家みたいなものではなくて、大王やその周りに何人かのボスがいて、それで政権を取り仕切っている。そして、Ａというボスと系列を持っているような人が色々な地域にいて、またこちらではＢというボスのフランチャイズになっていて、そのいくつものフランチャイズが合わさった核にヤマト王権があるような、そのようなイメージをしているのです。

その目で池淵さんがお使いになった鑿頭式鉄鏃を見ると、近畿の中でも北のほうのボスと軍事的な何か、「矢を分け与えてやろう」というのは、中国でも軍事的に同盟してきた諸侯に矢を分け与えるみたいことが出てきますので、そういうフランチャイズ関係にあったと。

しかし、銅鏃は奈良盆地のもっと大王に近いフランチャイズの軍事的な関係ですが、そういうものが出雲にはない。ですから、ヤマト王権の中でも一番軍事的に正規に近いようなところには出雲は属していないのだけれども、少し副流のところには属しているみたいなイメージを抱いています。

○田中史生

結局、古墳時代の中期というか、四世紀後半に入ってきてからは出雲にも前方後円墳が入ってくるのですが、同時に東アジアが非常に軍事的にきな臭くなっていく状況の中で、出雲にもそういうものが入ってくるというのは少し示唆的だなと思ってお聞きしました。北井さんは扱っている地域が前方後円墳発祥の場でございますけれども、どのようにお考えでしょうか。

○北井利幸

私の報告の中でふれましたように、奈良盆地南東部は金属器生産の技術力を向上させた地域です。銅鏃や鉄鏃だけでなく、そのほかの副葬品に使われるものを生産できる能力、技術力を大和は持っていて、各地へ銅鏃や鉄鏃、鏡を配布することで各地と関係を強化していったのではないかと考えております。

○田中史生

そうすると、もしかしたら出雲は、そういうものも自前の流通とか、あるいは日本海流通があったので、ある程度自分で確保できたということもあり得るのでしょうか、池淵さん。

○池淵俊一

銅鏃のことは置いておいて、実は鉄鏃の生産というのは色々難しいところがあって、少なくとも大和盆地の纒向遺跡で出てくるような、先進的な技術による高温の鍛冶技術は、実は出雲にもございます。実際に自前でそこで作ったかといわれると難しいのですけれども、鳥取県の長瀬高浜《ながせたかはま》遺跡では、拠点的な集落からそういった鑿頭式の鉄鏃が実際に出ておりますので、山陰で作っていた可能性というのは、今後考えていく必要もあるのかなと思っています。そういった製品が山陰から近畿北部へ流通していたということも、場合によってはあると思っております。

○田中史生

本日のシンポジウムで、特によく見えてきたなと思うのは、ヤマト王権が成立し、瀬戸内海交通のポジションが上昇していくということがあったわけですが、それだけで終わらず、日本海交通も依然重要な意味を持ち続けていたからこそ、出雲が独自性を持つことができた。逆に言うと、歴史の中で日本海交通というものをやはり評価していかなければいけないということが分かったということです。

要するに、日本列島を結ぶ海の東西交通軸には、瀬戸内海交通と日本海交通という二つの非常に大きいパイプがあり、ヤマト王権成立の段階までは両方とも存在していたということだと思います。日本海ルートは北まである程度一気に行けるわけですけれども、瀬戸内海ルートは奈良盆地から先は中継をしないといけませんから、五世紀の半ば以降は大和を中心に、東日本から北へ向かう陸路が開発されていくというのも意味があるのかなと思ってみなさんの議論をお聞きしていました。出雲は古墳時代前期までは独自性をもって、ある程度自立的なことができていたということになりますが、それが後世の王権神話の物語、あるいは出雲神話の位置付けに関わるのではないかということを、特に積極的に池淵さんは考えておられるということですよね。

○池淵俊一

神話のことは私には正直分かりかねますけれども、出雲で発掘調査をやっていて感じるのは、出雲の地域社会の一つのピークが弥生時代後期にあったというのは、恐らく間違いないと思います。この時期は遺跡数も非常に多いですし、西谷墳墓群のような大規模な墳丘墓の存在ですとか、朝鮮半島や他地域の土器が沢山入ってくる。そういった一つの地域社会のピークがこの時代にあった。

その後の出雲というのは、過去の栄光をなるべく維持しようという、そうした伝統的な意識が非常に見てとれるわけです。例えば今日お話をした、大型方墳が四隅突出型墳丘墓をモデルとした、ということがあったりします。墳丘で行われる飲食儀礼も、ほかの地域では古墳時代になると大体止めてしまうのですけれども、出雲では、少なくとも古墳時代前期まではずっと伝統的な飲食儀礼を続けており、古墳時代中期になっても一部残ります。

少し関係ない話をしますけれども、実は出雲では六世紀後半に、松木さんからご紹介のありました前方後方墳や石棺式石室と呼ばれる変わった石室をつくり始めるのですけれども、そういった古墳祭祀の中で、出雲型子持壺という、大きな壺に小さい壺がたくさん付いた土器をたくさん墳丘の周辺に立て並べるという独特な儀礼を行うようになります。なぜ、こうした出雲独自の儀礼がこの頃に起きるのだろうか、ということを昔から不思議に思っていたのですが、一つには、こういった集団の飲食儀礼という弥生時代以来の伝統というのが何らかの底流にあった可能性も考えていかないといけないと思ったりしております。そういった意味では、非常に保守的、伝統を重んじるという出雲の地域社会の在り方というのが、記紀の編纂者にとっては非常に特異に映り、神話の舞台に選択された。そういった可能性はあるのではないかと思っております。

○田中史生

本日、私が理解したところ、大体私たちが日本史の出発点として考える、日本列島規模の権力の登場は、大和を中心に、その力がどんどん拡延していくイメージなのですが、今回のお三方の話によると、最先端の吉備、あるいは吉備と出雲の特殊器台、あるいは墳墓祭祀をシンボルとするような社会統合のアイデアみたいなものが、吉備を介して大和に伝えられ、最終的な全国的なものとなっていくわけです。つまり大和から発祥して広がったというわけではなくて、ルーツを探っていけば、吉備と出雲の関係の中からできた情報が大和に持ち込まれ、それが全国に拡散していったといえるでしょう。

一方、吉備と一緒に最先端の文化をつくり上げた出雲は、その連携の中に最初は入らず、旧来の日本海地域の連携をベースにして、地域の祭祀というものを重視していった。出雲神話にもその記憶が練り込まれているのではないか。これは分からないですけれども、そのように考えたら面白い。神話の読み方も考古学と結び付いて面白いということにもなっていきますね。

このようにまとめられるのであれば、日本史のイメージというのは、一般にはヤマト王権の登場と支配の拡大、それが現在の日本につながっていくというような単線的な歴史を描きがちでございますけれども、大和でさえ一地域として扱うべきことになります。今回のテーマは、大きくいえば、日本の成り立ちを地域史から考え直そうという試みだったと思います。

最後にパネラーのみなさんから、それぞれが議論の中心とした地域から日本の成り立ち、あるいは日本をどう見るべきかということについて、思いのたけをお話しいただければと。松木さんのほうからお願いします。

○松木武彦

今日は吉備と出雲と大和を視点にして比べたわけですけれども、吉備はやはり大和と一緒になって、同じ利を目指したというか、世俗的に成功しようとして、最後は大和に飲み込まれてしまうわけですよね。世俗的な出世を目指したけれども、最後は挫折してしまう。

出雲は、その時期その時期で良いタイミングを見て、吉備や大和とは全然違うことをするのです。出雲が最初からそういう意図でやっていたわけではないのだけれども、結果的には独自性を追求する方向にいって、神話の中で独自の威信を得た。ですから、吉備と出雲とはそういう違い。どのように状況を判断して、戦略を選んでいくのかということで、出雲と吉備とは全然違った道を歩んで、何かそのような面白さというのが今日、浮き彫りになったような気がいたします。

○田中史生

それでは、北井さんからもよろしくお願いします。

○北井利幸

大和は弥生時代後期後半から古墳時代初めにかけて金属器生産技術を向上させることで力を備えつつ、出雲・吉備の良いところを取り入れて、ヤマト王権をつくりあげていきました。また、地理的な優位性を利用して、東にも北にも目を向け、それぞれの良いところを取り入れたことから、大和の人々は調整能力に長けていたと考えられます。この調整能力こそが大和の力、役割で、ヤマト王権を成立させる上で重要であったと考えられます。

○田中史生
それでは、池淵さんお願いします。

○池淵俊一
出雲というのは出雲神話というのが非常に有名で、昔から強大な勢力があったのではないかというようなことが言われていたのですが、なかなかそれを示す考古資料、例えば大きな古墳があるとか、そういったものがあまりありませんでした。今日のお話の中で、日本海の交易、全国的な鉄器の出土状況といったお話をさせていただきましたけれども、こういったことが分かってきたのは、比較的最近の話なのです。そういったことで、それまで描けなかった新たな出雲の歴史像というのがだんだん分かってくるようになったというのは非常に大きい。ただし、まだまだ分からないこともたくさんあります。初期の倭王権の中で、出雲はどういう役割を果たしたかということについては、現在、ほとんど分かっていない。そういったことが、今後、発掘調査や研究が進むことで、より詳細に見えてくるのではないかと思っております。私ども島根県でも、今後も調査研究を進めてまいりまして、このような形でみなさんに情報発信をしていきたいというように思っております。みなさん、ぜひ島根のほうにお越しください。よろしくお願いいたします。

○田中史生

最後は主催者側挨拶のような挨拶になりますが、今回も、地域から日本史を見る、あるいは世界史を見るという視点が貫かれたシンポジウムだったかと思います。ずっとこのような視点で、シリーズでやっていますけれども、本日のシンポでも、謎がたくさん出てきたと同時に、たくさんの手掛かりが出てきたというのは大きいことではないかと思います。

島根県教育委員会は、かつての私の職場でございますけれども、こういう斬新な取り組みをやっていますので、今後の取り組みにも期待を表明しまして、本シンポジウムを終了したいと思います。長い間、ありがとうございました。

【第2部】考古資料が語り出す—出雲・畿内関係史—

玉からみたヤマト王権と出雲

廣瀬時習 先生

はじめに

改めまして、廣瀬時習です。玉については学生時代以来、二七、二八年勉強しております。島根県とのご縁という意味では、学生時代以来通わせていただいたりして、色々勉強させていただいております。

今回こういうお話をいただいたのは、二〇一五年に近つ飛鳥博物館で、「古代出雲とヤマト王権」という展示を担当させていただきまして、そのときに島根県の方々とつながりが深まったことからかと考えております。近畿地方で玉を勉強している上でも、出雲との関係というのが非常に重要だということで、玉のことを考えるときにはいつも頭の片隅に出雲を置いて勉強しているつもりでございます。島根県立古代出雲歴史博物館では昨年度に玉の展示会をされて、私も慌てて会期末の一週間前くらいに見に行かせていただいきました。また、玉を題材とした共同研究などの成果もどんどん出てきております。

目次のほうは、こういう形になっております。「はじめに」、「ヤマト王権と玉」、「古墳時代の玉類の変化と画期」、「玉の生産と流通」、「玉から見たヤマト王権と出雲」、最後に「まとめ」となります。

玉の歴史を簡単にたどりますと、玉といわれるものは日本列島の旧石器時代の終わりくらいからあります。しかし、我々がイメージする玉が出てくるのは縄文時代の後期以降で、小型の装身具が出てまいります。弥生時代以降の勾玉と似たような形の玉もあります。こうした玉類というのは、その後、縄文時代の後期から含めて、一五〇〇年ぐらい日本列島の中で用いられています。ただ、用いられていると言いながら、ずっとそういうものが伝統的に繋がっているというのが果たして本当なのかどうかは、実は非常に難しいように思っております。

最近も、熊本大学の大坪さんという研究者の方が、「縄文

廣瀬時習（ひろせ・ゆきしげ）**先生**

大阪府立近つ飛鳥博物館副館長

1967年、東京都生まれ。1995年同志社大学文学研究科博士課程前期終了。博士課程後期中退。専門は日本考古学。主な著作に「玉と玉生産からみた5世紀の王権」（『大阪府立近つ飛鳥博物館館報』19）、「玉生産と流通」（『弥生時代の考古学』 6）、「弥生時代玉類の地域性 」（『季刊考古学』94）、「弥生・古墳期の玉の使用形態と意義--玉副葬の歴史的展開」（『文化史学』52）など。

時代の勾玉と弥生時代の勾玉には断絶がある」といわれました。私は常々、「何らかの形での関係性はあるだろう」と思っています。「弥生時代以降の玉というのは、縄文時代以来の伝統と、弥生時代に朝鮮半島から入ってきた渡来系の装身具としての部分の融合によって成立する」というのが、基本的には多くの研究者の方の共通認識ではないかと思いますけれども、その間に断絶があるという研究も出ておりまして、継続性の問題とか、弥生時代の装身具はどのようにできあがっているかというのは、これからも様々な研究が必要ではないかと思います。

ただ、縄文時代の管玉と弥生時代の管玉は明らかに石材が異なります。弥生時代以降になりますと、管玉は碧玉、もしくはそれに類似する緑色凝灰岩という玉を用いますし、その碧玉の一大産地が、出雲玉造温泉のすぐ近くの花仙山という山にあることも、玉の研究の中では基本的な常識となっております。縄文時代の玉類には様々な石材があり、石材に統一性が少ない。翡翠などは重宝されますが、その辺りの問題も含めて、弥生時代・縄文時代の玉の在り方というのも非常に重要なところです。

ただ、弥生時代以降、「縄文時代からの伝統を引くような形ではないか」と言われる玉たちも残りつつ、基本的には日本列島で弥生時代の玉としての歩みが続きます。そうした歩みが古墳時代にどうつながっていくのかということも非常に重要な部分です。古墳時代以降の玉も含めて、先ほどの管玉と勾玉のセットを基本とした集まりというのが弥生時代・古墳時代の共通性というように言って良いと思います。

ただ、古墳時代に関しては様々な部分での変化が見られます。そうした問題を最初に取り上げてお話をしていきたいと思うのですけれども、何といってもお墓から出てくることが多いのは確かです。亡くなった方とともに、その人が用いたり、葬送に伴うものを一緒に埋めると思うのです。人の骨や有機質ではない石の玉は、腐らず残っております。ですから、玉が一番よく出てくるのは確かです。ただ、それがお墓以外で使われなかったかというと、非常に疑問なところもあります。各地ではお墓で使うことをメインとしていない地域もありそうですし、時代によっては色々な使われ方がありそうだと思うのです。

そういう意味で、実は弥生時代というのは結構色々な使われ方をしています。よく見る弥生時代の玉というのは北部九州、福岡県辺りを中心として、佐賀や大分くらいまででしょう。その辺りを中心とした地域圏における玉の在り方と、もう一方では、それ以外の東の地域の玉の在り方は若干どうも違うようです。例えば北部九州などでは青銅器、鏡と剣、玉など、その後「三種の神器」と言われる品々が墓に副葬されますが、それ以外の地域では、このセット関係はほとんど見ることができませんし、住居址とか、様々な遺構から出土します。そういう中で、玉というのがどのように変わっていったのかということを、今日は古墳時代の話を中心にお話をしていきたいと思います。

玉というのは、アクセサリーであり、様々な意味でステータスシンボルであり、マツリの道具（祭具）としても使われるものです。こうした玉の属性は、弥生時代の後期以降、少しずつ分かれたものです。墓に入れられる装身具としての、副葬品としての玉であったり、マツリの中での玉としての側面と、身に付けるもの、アクセサリーとしての玉という側面が、明確になっていくのが古墳時代以降のことだというように私は考えております。

古墳を知っている方でしたら、玉は古墳にはつきものだと思われるのではないかと思います。ただ、古墳における副葬品や、装身具としての玉の歴史は、単純ではないと思っております。

一、ヤマト王権と玉

弥生時代後期、だんだん大型の墓が出てきたり、それまであまり大きさの変わらないお墓に入っていたところが、その中に一つ大きいお墓ができたり、副葬品をたくさん持っているお墓が出てきたりということが、弥生時代の後期くらいから目立つようになります。そうした時期に、玉の副葬というのも結構行われるようになります。弥生時代後期などのそうしたお墓では、玉、もしくは鉄製品—小刀や簡単な工具類—が出てくるお墓というのが結構広がってきます。これは日本各地といって良いと思います。弥生文化圏であればそういうものが出てくるようになってきますし、近畿でも若干そういう類例はあります。

ただ、奈良県ですと前方後円形をしたホケノ山古墳—あれを古墳というのか、墳丘墓というのかは議論があると思いますが—の発掘調査とか、あとは奈良県の橿原考古学研究所などが調査している大和古墳群とか、本当に最初期の古墳出現期の墳墓の調査の例というのはいくつかありますけれども、実はほとんどの墳墓で玉は出てこないのです。出てきてもガラス玉です。

それはどういうことなのかということを散々悩んだのが学生時代でして、そのあとの玉が副葬されるようになる時期の古墳を分析しました。古墳が出現する時期、卑弥呼の時代に、果たして玉が前方後円墳に必需品だったのかというと、多分必需品ではなかったのではないかと私は思っています。

実際に、今取り上げましたホケノ山でも出ておりませんし、中山大塚古墳などは盗掘もあり副葬品自体がほとんど出土しておりません。しかし、副葬品の中では小さく微細なものですから、盗掘にあってもポロリと残っているのが玉だと思うのです、そういうときにもほとんど全く出土していないのを見ると、どうも初期には玉が副葬されなかったのではないかと思います。

玉というのは弥生時代後以来、普遍的な副葬品として周知はされて、用いられてはきたのですが、そこから一歩飛び出た、西日本のヤマト王権の最上位の人たちの副葬品にはならなかったというのが私の考えです。

この問題というのは、出雲の玉生産はいつ活発になってくるか、という問題ともつながってくるかと思います。弥生社会の中で玉自体の基本的なあり方が踏襲されないところは、前方後円墳の成立期というのがいかに特殊な事情だったかということと関わるのではないかと思っております。

古墳時代の中で大きなターニングポイントになるのが前期の後半、おおよそ四世紀代の話になります。大きな西日本の各地にできる前方後円墳たちには、いわゆる石製品といわれるものが古墳に副葬されるようになります。鍬形石、玉杖、琴柱形石製品—コトの上に立てて弦の音程を調整する琴柱と似た形をした石製品—など、色々なものが出てきます。前期の中ごろ、奈良県桜井市の大王墓級の古墳である桜井茶臼山古墳の段階以降になると、こうした石製品が数多く出てくるようになります。

そして、次の段階では同じく奈良県桜井市のメスリ山古墳と、巨大な二〇〇メートルを超える前方後円墳たちに、様々な形を模した石製品が副葬されるようになります。そうなってきますと、実は状況が変わってきます。

これらの石材が採れて、これらを作る能力を持っているのは弥生時代以来の玉を作ってきた地域です。それは出雲であり、北陸であり、これらの地域に原産地、石材があり、かつ技術があるわけです。

石製品の副葬の始まりには、ヤマト王権がいかにしてこれらの地域と関わり浸透していくのかという問題と大きく関わってくるのではないかと思います。石製品の副葬が始まる時期は歴史が動いていくのではないかと考えています。

この時期、ヤマト王権の主導の中で石製品の生産・副葬が始まります。石製品については、昔から色々なことが言われています。古代史にご興味をお持ちの方でしたら、たとえば、ヤマト王権の大王が三角縁神獣鏡を各地の首長に配った。中国王朝の権威を背景とした三角縁神獣鏡を各地の首長に配布することによって、その関係性の担保を作っていったという話を聞いたことがあると思います。石製品についても同じようなことがよく言われました。こうした石製品の日本列島内の分布を見ると、明らかに近畿を中心としています。数量的には近畿地方に圧倒的に多く、周辺部に行けば行くほど品数も減っていくし、数も減っていくという基本的な傾向がありますので、やはりヤマト王権とかかわりの中で副葬されるもので、ヤマト王権が配布したのではないかというような議論があります。

ただ、鏡などの場合とは少し違うところがあるのではないか。鏡の場合は比較的明らかです。当初は中国王朝からの下賜品、次の段階にそれらを学び自分たちで作って配布した。そのときの技術力は、朝鮮半島や中国とのつながりの中で、ヤマト王権を中心として展開したと考えられます。そういったものに比べて、この石製品、玉の石材、そして生産技術も大和、ヤマト王権には全くないわけです。

非常に複雑な部分もありますけれども、石製品の登場と玉の問題というのはかなりリンクをしています。こうした石製品の生産に関しては、ヤマト王権、そして出雲・北陸という、玉に関わる大きな三つの地域の関係性が、古くから、そして今も重要な問題の一つです。

石製品の中でも重要な二つが鍬形石と車輪石です。元を正せば弥生時代に貝を加工して作った腕輪が北部九州などで副葬されましたが、石製品にこの貝輪が取り入れられました。どうも古墳時代の始まる段階に様々なことが行われています。当初、中国王朝との関わりの中で三角縁神獣鏡などを配布したり、鉄製品を配布したりしています。次の石製品の導入という段階には、実は様々な試みがなされているようです。それまで弥生時代に九州などで使われてきた貝製の腕輪たちなどを基にした石のものを作ったり、もう一方では、弥生時代以来の伝統的な装身具である勾玉や管玉、そうした玉類たちを古墳に入れるようになったり、こういう様々な取り組みがされています。

もう一方では、その時期になりますと、それまで中国からもらっていた三角縁神獣鏡を自分たちで作る（「仿製三角縁神獣鏡」）ようになります。また、ほかにも倭鏡という自分たちのオリジナルデザインの鏡を作っています。ヤマト王権は、四世紀代に古墳に副葬する品目などで様々な取り組みをしています。玉類の副葬が始まる歴史的背景は、こうしたヤマト王権の取り組みの中に源泉があるのではないでしょうか。

もう一方では、そういうものたちはヤマト王権の中枢部とつながる地域勢力（豪族）たちの副葬品の必需品とはならないけれども、各地で玉の副葬というのがずっと脈々と続いてきたています。

そういう二本立ての中で、ヤマト王権は伝統的なものを新たに自分たちの中に取り入れ、それらを配布したりするようなことも、支配の方法として取り入れていくのかなというように考えています。

二、古墳時代の玉類の変化と画期

その中で、四世紀の中ごろ、大きな展開があります。「古墳時代勾玉の革新」というように私は呼んでおります。ここが出雲との関わりの中で非常に重要なところになってくるかと思います。

勾玉はそれ以前の段階―弥生時代にはいくつかの石材を用いたりすることはあります。

例えば、翡翠です。一方で、例えば徳島県、瀬戸内の東側半分などでは、弥生時代の後期になると滑石の勾玉が出回ったりしますし、そのほかに在地的な石材で碧玉が使われたりすることもあったり、あとは、翡翠ではないけれども、類似岩みたいなものが使われるなど色々なものが見られるようになります。

ところが、この段階は違います。碧玉、水晶、瑪瑙、この三種類です。いずれも島根県出雲などで採れる石材ですが、この時期になりますと出雲で、これらの石材を用いた勾玉づくりが始まったようです。四世紀代の資料はまだ多くないので、結構難しいところがありますけれども、そういう生産、製品が前期の後半、四世紀の中ごろの時期に出てきます。別に翡翠の勾玉がその時期になくなるわけではありませんし、翡翠の勾玉も当然あるのですが、明らかに勾玉の材質が多様化していきます。これが大きなターニングポイントになります。

もう一つは、この時期——最近出ました島根県の古代文化センターの研究報告の中でも、谷澤亜里さんが書いておられましたけれども——「大型規格の新出」ということで、管玉の規格性がそれまでと少し変わってきます。

私もこの時期の玉の変化を見ておりまして、先ほど見ましたような玉に対して、直径

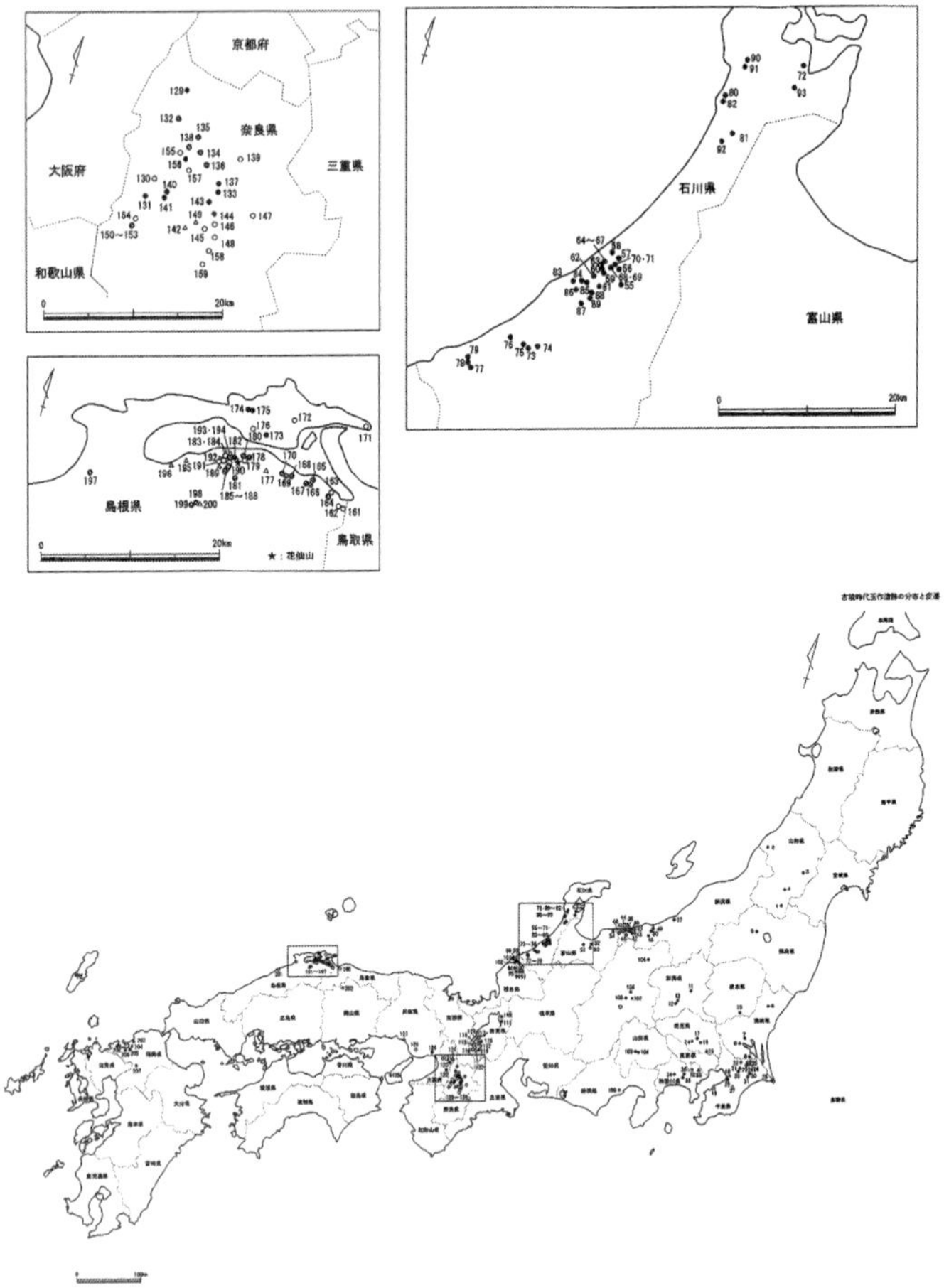

図１　古墳時代の玉作遺跡分布
(出典：米田克彦「古墳時代玉作遺跡の分布と変遷」『古墳時代玉類の研究』島根県古代文化センター、2019年を改変)

が太くなったり、急激に太いものがあったり、長いものがあったりと、そうした玉の変化が出てきます。こういった変化がなぜ出てくるのかというのを一つのポイントとして考えたいと思います。出雲ではそういった玉類の生産が明らかに始まっていきますし、日本列島を見渡していきますと、いくつかの地域でそういった生産が行われるようになります。

それに関する資料ですが、**図1**です。島根県の出雲の辺りに集中したところがあるのがおわかりいただけると思いますし、あと、石川県の辺り、ちょうど能登半島の左側の辺りに集中があります。このほか、近畿のところにも大和・河内の辺りとともに滋賀県にまとまりがあります。あとは関東地方、今の千葉県域、下総に結構集中しているところがあることがおわかりいただけると思います。これらの産地は、いずれも四世紀のこの時期ぐらいに生産が始まっています。もう少しその前触れとなる生産というのはいくつかの地域にありますけれども、玉生産がまとまって出てくるようになるのは、この時期です。

関東地方では、出雲との技術的な関係については明らかではありませんが、やはりこうした石材を用いて勾玉を作るということが始まります。

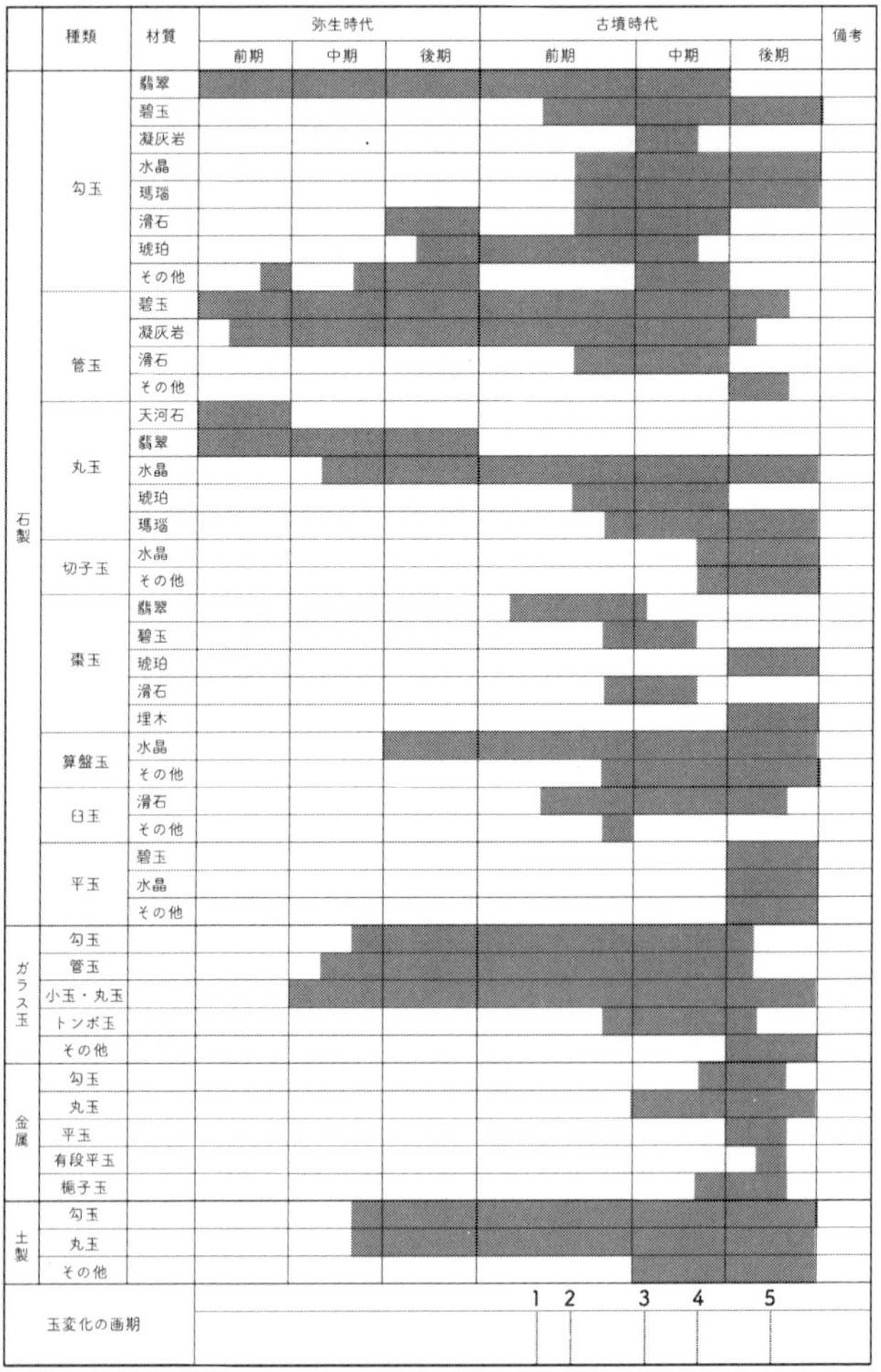

＊古墳編年区分は、現段階では廣瀬和雄1998に準拠している。
＊各時期の長さは任意。
＊表の作成にあたっては、諸氏の研究を参考にしている。

図２　玉の種類と材質にみる時期的な変化

図2（表）をご覧ください。上の方に勾玉があります。その右半分の古墳時代の前期後半ごろに、碧玉、瑪瑙、水晶、といった玉の材質が用いられるようになることがわかると思います。

これらについて、朝鮮半島の原三国から三国時代の資料を取り上げたいと思います。朝鮮半島の三国時代といいますのは、ちょうど古墳時代、その前の段階の原三国時代は日本の弥生時代から古墳時代の初めぐらいにかけての時期です。

朝鮮半島では、実はこの時期に水晶製の勾玉がたくさん使われています。大阪府和泉市にあります和泉黄金塚古墳は、四世紀の、ちょうど玉の材質が複雑化し多様化した時期の古墳ですけれども、そこから水晶製の大きい切子玉が出ております。私の師匠であります同志社大学の森浩一先生などが、朝鮮半島の、今の慶州から釜山辺りにかけての地域のそういう玉と類似しているし、そこの影響でこの時期に入ってくるのではないかとおっしゃっておられました。よく考えてみると、その後に日本列島で用いられる玉が、この朝鮮半島の前段階に出てきています。

慶州の新羅の王墓から翡翠の勾玉がたくさん冠に付いて出ているのをイメージされる方もいらっしゃるかもしれません。それは五世紀から六世紀くらいにかけての時期の王陵級の墓ですけれども、実はその前段階、四世紀後半ぐらいの段階に釜山・金海周辺などの伽耶といわれる地域で、翡翠製の勾玉がたくさん墓に使われるようになります。

このことは非常に重要です。四世紀代、翡翠については日本列島では弥生時代以来ずっと使われています。古墳時代においても、在地的には翡翠の勾玉が残っています。先ほどの石製品と同じ時期に玉の副葬が明瞭に出てくる中で、日本列島でも使われるわけですが、ちょうど日本列島の石材が多様化する時期、朝鮮半島では、これだけの翡翠製の勾玉が用いられるようになります。

翡翠については、朝鮮半島での生産ということも考える必要もあるかとは思いますが、今までの研究の成果からいえば明らかに日本列島とのつながりを求めるほうが確かなのではないかと私も思います。そのように考えると、この段階、四世紀の段階に、玉をめぐった朝鮮半島との交流があったということは疑えないと思っています。

そういう中で、ちょうどこの時期、玉をめぐっては朝鮮半島系の水晶などの玉が日本列島に入ってくるのかもしれません。少なくとも、ちょうどそのくらいから日本列島で同じような材質を使った玉が作られるようになります。

これは玉だけの問題ではないのです。この前のところで挙げましたいく人かの研究者の方々の研究の成果を使わせていただいておりますけれども、この時期、日本列島は様々な形で朝鮮半島との関わりを深めていく時期です。例えば、石上神宮の神宝である百済からの贈りものといわれる七支刀、日本列島に出てくる様々な筒形銅器や巴形銅器といわれる朝鮮半島系文物といわれるようなものが、日本列島にみられるようになります。この時期に、同じように玉類もそういった外来的な要素を持つようになっていくと考えることができそうです。

　それを積極的に取り入れたのが、出雲の玉生産です。ただ、なぜ出雲がそれを取り入れられたのかというのは非常に難しいと思います。ヤマト王権の中で、出雲がそれに協力するというのが一番妥当な見解だと思います。しかし、この時期に出雲での玉生産が、ヤマト王権に出雲の玉生産が協力する形で始まるのか、もしくは命を受けて始まるというようなものなのかというのは、正直なところ、現在の私には答える自信がありません。ヤマト王権の力によって、出雲で作ることを余儀なくされるか、もしくは出雲に何らかの意図があってなのかという本質的な部分での問題は、もう少し考えたいなと思っております。

　ただ、少なくとも、出雲が、新たなトレンドの導入時期の生産中核になったのは間違いないと思います。そのあとも、四世紀の終わりから五世紀に続く古墳時代の玉の流れは出雲の玉を中心的な玉製品として動いていく歴史的な流れが明らかで、その流れは古墳時代を通じて、あまり大きく変わらないのではないかというように思っています。

その問題に関わって載せましたのは、図2と図3になります。勾玉、管玉、丸玉、切子玉、棗玉、それぞれの中での材質の変化を追っています。どういう材質のものがある時期に作られているのか。これは古墳時代以降のところだけを話しましても、前期の真ん中から少しあとくらいのときに、色々な種類の石材が出てくるのがお分かりいただけると思うのです。特に勾玉のところでは、石材の多様化というのが、この時期の一つの玉の傾向だということはご理解いただけるのではないかと思います。さらにこの時期、色々なものが変わってきます。例えば鏡、舶載と言われる三角縁神獣鏡、これは仿製と言われる三角縁神獣鏡に変わっていくし、埴輪なども、それまでの円筒埴輪と壺型埴輪を中心としたセットから、この時期ぐらいから家型埴輪や器材の埴輪が出てくるようになる。こういった古墳時代の大きな変化の流れの中に、玉の変化も沿っていると思います。

図2は玉の種類と材質に見る時期的な変化です。前期の後半くらいの段階に、様々な

玉において、実はこの時期に新たな石材の玉が出てくるのがお分かりいただけると思うのです。

古墳時代は、出現期から時代が下がるにつれて、どんどん造られる古墳の数が増えていきます。前期から中期という、三世紀の後半から四世紀、五世紀にかけては、各地でそうした古墳を造る人たちが広がっていきます。ヤマト王権は当初、吉備や北部九州各地の要所の中核の人と結び付いていました。それが四世紀中ごろには、当初から自分たちと手を結んだ人たちだけでなく、それ以外のもっと小規模な地域勢力とも直接的な関係を結ぶようになっていきます。

そういう時期、何が必要になってくるか。当然ながら、ヤマト王権にとっても各地の勢力にとっても、相互の関係性を示すことが必要となるのです。そういう過程で、玉は副葬品が入っていきます。その時期はどんどん古墳を作る人たちが増えていくわけですから、規範が必要になり、それがステータスとなるのではないかと思います。

少しだけ脱線しますが、四世紀中ごろまでの埴輪というのは、かなり地域性が豊かだと言われます。極端にいうと古墳ごとに違うと。しかし、四世紀の後半以降、埴輪にも統一性が出てきます。そういう中でヤマト王権は、埴輪についていえば、もしかして技術者を派遣して、もしくは地方の技術者を呼んできて、様々な直接的な交流を結ぶことによって、自分たちの古墳の造営という、儀式、マツリなどの祭祀儀礼体系、政治のシステムを確立していく時期です。

そういう中で、玉は装身具として、伝統的なステータスシンボルとしての玉と、もう一つは、例えばマツリに使う道具「祭具」としての玉というように分かれていくと考えています。この時期に、玉自体は大きく変化をします。

そうした玉は、五世紀になりますと大きく変わっていきます。古墳時代中期以降、玉においても朝鮮半島や中国との関わりの中で渡来文化を導入し、それを自分たちのものとして内在化していくかという、大きな変化があります。中期以降の玉についていえば、ガラス製品が出てきたり、あとは金属製品、特に金属製品は後期の六世紀以降が中心になりますけれども、そういう中で、様々な変化が生じます。先にもみたように、前段階から石材が水晶、瑪瑙、碧玉というように大きく転換し、メインの玉たちはカラフルになっていきますが、これが勾玉以外の玉にもおよび、種類がさらに豊富になります。加えてガラス製品です。様々な色のガラスがあります。ほかにも瑪瑙製品などはその後展開をしていきますし、もう少し新しくなると水晶製品がたくさん使われるようになってきます。

六世紀の後半になりますけれども、奈良県の藤ノ木古墳の玉では金銅製品や銀製の玉があります。空玉《うつろだま》という、銀や銅など、中の空洞が半球形のものをくっ付けて円形にしたものなど、様々な金属製の玉が出てきます。

玉自体は、主流が徐々に新たな材質の玉類に置き換わっていくのです。ただ、少なくとも五世紀の段階というのは、その後の展開を見据えた中で、まだまだ石製の玉類が大きく使われています。こうした事象は、五世紀から六世紀を見ていきますと、衣服を含めて装身具も新羅、百済の首長層との類似性が非常に高くなっていきます。玉の基本的な流れは、五世紀の段階にさらに転換していくということも、一つの事実として何となく記憶に留めていただければと思います。

三、玉の生産と流通

そうした流れの中で、出雲の生産というのがどのように展開していくのかということとが、玉生産の中での問題となります。もう一つはヤマト王権の玉生産との関わりです。玉との取り組み方とどう関わっていくのかということを、残りの時間でお話をしながらまとめていきたいと思います。

古墳時代の玉生産の話から入らせていただきます。古墳時代の玉生産は、図4のように各地の生産が前期の後半以降続いていきます。前期の後半部分ぐらいに、かなり各地で生産が始まった状況が分かります。一方で、中期以降、大和や河内で生産遺跡がどんどんと増えていく状況が出てくると思います。山陰、出雲での生産については、各時期を通して継続していきますけれども、中期の段階に大和などで生産が増えている状況というのは見ていただけると思います。

古墳時代中期の大和では、各地で有力勢力（豪族）に関わる遺跡が知られています。例えば奈良盆地西南部の葛城の辺りですと、南郷遺跡群という御所市の遺跡があります。天理市には布留遺跡などが知られています。南郷遺跡群に関しては、葛城氏といわれる古代氏族との関りが言われています。布留遺跡に関しては物部氏との関わりがいわれるということも、多くの方がご存知かもしれませんね。それ以外にも大和のいくつかの地域で、この時期には豪族層の居館などが見つかり、そうした各地の勢力の下で生産が行われています。それらのところでは、ほかにも鉄製品であったり、金属製品であったり、ガラス製品であったり、色々な生産の中で玉生産が一緒に行われています。

こうした生産問題にかかわって、ここで一つ代表的な遺跡だけを簡単にご紹介します。曽我遺跡は、奈良県の橿原市にあります。この遺跡、玉類の形の分かるものだけで63万点もの玉に関わる資料が出土しておりまして、「ヤマト王権直轄の玉生産工房」と言われることもある遺跡です。通常、どの玉生産遺跡に行っても、玉の石材や生産に関わる資料というのはほんの少しなものですが、それに比較して曽我遺跡は恐ろしい出土量を誇る遺跡といえます。

この遺跡、前期の終わりに生産が始まって、そして中期から後期に生産を拡大していくのです。特にこの中で問題になりますのは、中期の後半くらいの段階です。奈良県大和の各地で、豪族層たちのところで玉が作られたりしている時期です。この時期に曽我遺跡では、出雲の石材と技術で作られる「出雲規格の管玉」——これは今回始めて作った造語ですけれども——まさに出雲規格といえるような代表的な形状・サイズの玉が作られます。その技術は、曽我遺跡以外では出雲の玉作りでしか見られないものです。

これは管玉という、先ほどの管状の玉を真ん中で切って、穿孔方法をわかるようにしたものです。管玉といいますのは長さがありますから、錐で穿孔するというのは非常に困難な作業です。真ん中ぐらいまで穿孔して、反対側から開けた方が当然効率が良く、

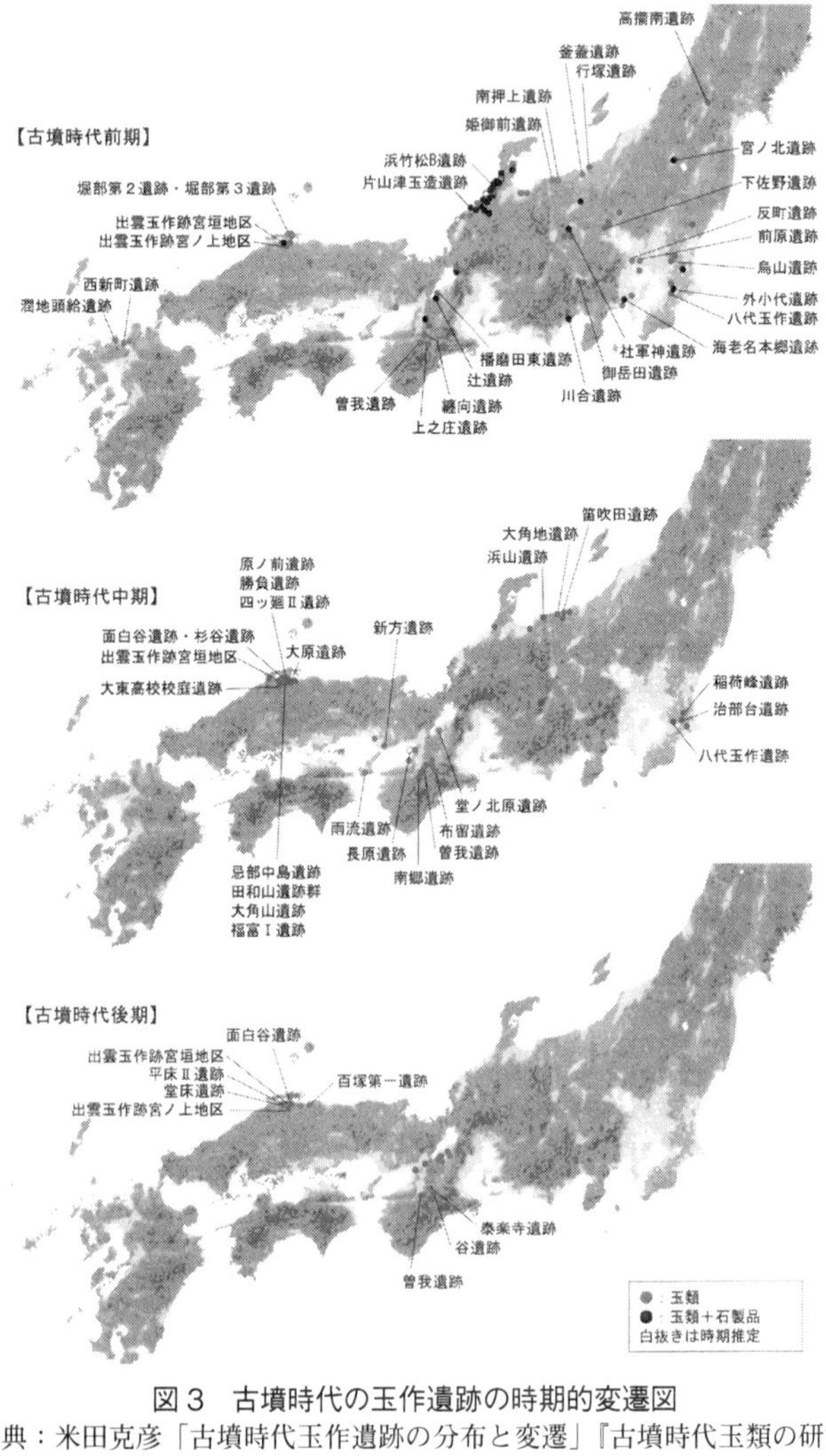

図３　古墳時代の玉作遺跡の時期的変遷図
(出典：米田克彦「古墳時代玉作遺跡の分布と変遷」『古墳時代玉類の研究』島根県古代文化センター、2019年)

錐が長くなれば長くなるほど失敗率も高くなります。ところが、この時期の出雲玉生産及び曽我遺跡での玉作りの管玉の穿孔法は、それを敢えて片面からだけから行うのです。非常に濃い濃緑色の玉で、片面から穿孔されています。「間違いなく、これは出雲の玉だ」と言っても間違いのないような玉がその時期に作られます。

「出雲規格の管玉」の出現というのは、非常に重要な、多分出雲とヤマト王権に関わる意味を持っていると思います。もしかするとこの時期には、出雲の工人さんたちが来ているかもしれない。大和へ来て作っているのではないかと。もしくは、逆のパターンで、中央の工人たちが行って、石材があるところの技術を学んできて作っているということも考えられますが、基本的には出雲から来るパターンなのかなと思っています。

ところが、曽我遺跡における生産では、先ほど話をした出雲で盛んな瑪瑙や水晶の勾玉は作られていません。出雲での生産品のほんの一部だけを大和で生産している。しかも「王権の直轄工房」で、たぶん出雲から工人が来て作っているということが、今日のテーマにとっては重要なことだと思います。

話は変わりますけれども、古墳時代中期、五世紀といいますのは、まさに世界遺産になりました百舌鳥・古市古墳群の時代です。そういう中で、大和や河内の話をしていきますと、「陶邑《すえむら》古窯跡群」とも称される広大な須恵器の生産地域が作られていたり、鉄であれば柏原市の大県遺跡、交野市森遺跡などの生産遺跡が行われているなど、各地に大規模な専業的な生産が成立する時期です。

そういう中で、玉に関していえば、先ほどの曽我遺跡は前期の後半くらいから徐々に始まり、中期以降、規模を大きくしていく中で、そうした玉の生産工房としてその位置的にも規模的にも王権とのつながりが考えられる遺跡です。その曽我遺跡において、五世紀の後葉になって、出雲の技術を用いた管玉がその時期に作られる。また、ほかにもたくさんの玉を作っています。しかし、出雲の工人は来るけれども、決して勾玉は作らずに、管玉だけを多分作っているのです。どうもヤマト王権による特注品の生産というようなものなのかなと思っています。

四、玉から見たヤマト王権と出雲

玉というのは弥生時代以来の伝統があって、日本書紀・古事記の中にも、例えば天岩戸の誓約の話でも「玉の緒を切る」というような所作が出てくることから、非常に伝統的な重要なものとして、古墳時代にも捉えられていたと思うのです。

一方で、この時期五世紀以降、先ほどお話しました渡来系装身具が徐々に入ってきてガラス製品が増えたり、金属製品が若干出てきたりする中で、伝統的な玉類というのは徐々に主役の座を奪われつつあったという存在でした。

結果的に逆に主流から若干外れているからこそ、ヤマト王権にとってみれば、再利用する価値があったのかなと思います。そして、このためにこそ、出雲と関係性を深め、出雲の石材、玉生産とのなどを取り込むということが必要だったのではないかと考えています。

こうした問題に関しては、古墳時代中期の出雲について島根県教育委員会の仁木聡さんが、島根県立古代出雲歴史博物館の「倭の五王と出雲の豪族」というテーマの展示で、出雲における古墳時代中期、五世紀の方墳の問題などを取り上げておられまして、出雲の首長層とヤマト王権とのつながりみたいなことをテーマにした展示がありました。その中では、埴輪の問題なども含めて大規模な方墳と王権との密接な関係性などが説かれています。

中期という時期は、出雲でも玉生産がかなり各地に拡散していく時期です。最近の研究の中では、生産遺跡全部が同列に一から十まで生産しているのではなくて、中核となる生産遺跡が二箇所ぐらいありそうだということが分かってきているようです。けれども、各地の出雲の中小豪族は、地域の中で玉生産を行っています。

そういう中で、出雲の中小豪族がヤマト王権との関係性を取り結んだとするのであれば、そうしたときこそ、ヤマト王権にとっての出雲の玉生産を取り込む機会ではないかと思います。まさにそうした機会を利用して、ヤマト王権は出雲のさまざまな勢力とかかわりを持ち、出雲から呼び込んでくることによって、自分たちの戦略物資を作ろうという一種の特注品生産のようなことをしたのではないかと思います。

それから工人、先ほど少しお話ししましたけれども、例えば大王墓などの場合には、その造営技術を各地から工人たちがやって来て（上番）、ヤマト王権中枢の技術を学んで、帰って来て各地で古墳や埴輪を作るのではないかと思います。埴輪生産についていえば、古墳を作るにあたっては、ヤマト王権から製作の指導者が行って、土器を作るような人たちを組織することによって、その人たちに「埴輪というのはこういうものだ」「こういう形に作るのだ」というのを教えたりして、埴輪づくりが行われるのではないかと考えられるようです。

ほかにも、鉄製品、金属器などですと、最新技術は朝鮮半島を通じて大陸からやってくるわけです。そういうものはヤマト王権中枢の中でも、本当に一握りの人たちの中で導入され、それらから徐々に下にいくにしたがって、もう少し技術的には単純なものであったり、農耕具などに変わっていく。様々な技術というのは、こういう方向で広まるわけです。土器なども同じような傾向があって、例えば窯を使って土器を焼くという技術などは、基本的には中央から地方へ広がっていきます。

ところが、そうした流れというのが単純に玉に当てはまるかというと、なかなか当てはまらないところがあると思うのです。出雲において玉を作っているとします。そうした技術というのは、出雲からヤマト王権にきていた。一方で、例えばヤマトの豪族たちが中期に各地で玉の生産を行っています。こうした生産の背景は、出雲からヤマト王権に行った技術のうちの一部が技術協力という形で用いられるのか、もしくは直接的な関係があるのでしょうか。関東地方などでは出雲と同じ勾玉を作りますが、出雲と直接的に関係を結んでいるのか、やはりヤマト王権を経由していくのか。出雲の生産が移植されるあり方は、出雲の展開において、非常に重要な意味を持ったというように私は考えています。

六世紀になりますと、金属製の玉が主流になってきます。特に六世紀の中ごろ以降、畿内の中でも上位のお墓たちでは、金属製の玉、ガラス製の玉が主流になっていきます。

　この時期以降は群集墳が築かれなど、先ほど言いましたように古墳がどんどん増える時代です。それまでの十倍とか百倍のレベルで古墳の数が増えていきます。そうなると、すべての人が最上位の最新の副葬品をもつことはないので、他の人たちは、まだまだ石製の玉が伝統として残っていきます。そういう古墳が増えていく段階に、出雲の玉生産はヤマト王権直轄の曽我遺跡と関わりを強めて玉を生産しています。こうした玉が、新興首長層などに配布されているのでしょう。

　また、次の六世紀後半になりますと、かなり多くの地域の玉生産がなくなっていくことと図4をみていただくとわかります。この時期も出雲における生産は続いています。そのほかの地域にもいくつか続いているところが少しありますけれども、大体後期の前半ぐらいで生産が途切れているというのがお分かりいただけると思います。

　出雲では、山代二子塚古墳などの巨大な前方後方墳を作ったり、独特な埋葬施設を用いたり、出雲型の子持付須恵器とかも含めて、非常に独自の文化をしっかりとしたピラミッド構造を持った社会を作っていきます。

　こうした社会の背景は五世紀の後半にヤマト王権と深く結び付いた玉の生産だと思い

地域	旧国名	弥生後期玉生産	遺跡群／代表的遺跡	時期（前期・中期・後期・終末期）	碧玉	翡翠	水晶	瑪瑙	滑石	備考
北陸	加賀 越前	○	北陸西部遺跡群		◎					腕輪形石製品
北陸	越後 越中	○	北陸北東部遺跡群		○	○			●	
中部	信濃	○	社軍神		◎		○			
関東北部	上野		下佐野他						●	
関東東部	常陸		烏山		○			○	●	
関東東部	下総		八代・大和田遺跡群		○				●	
関東西部	武蔵 相模	○	反町 本郷		◎					
近畿			南近江遺跡群		○	○	△		●	
近畿	近江		辻		◎				●	石釧未成品
近畿	近江		堂の北原		○	○	△		●	
近畿	近江		吉見北						○	
近畿	大和		上之庄						●	車輪石（滑石）
近畿	大和		南郷		○					
近畿	大和		布留		□				●	
近畿	大和		曽我		□	○	○		●	
近畿	大和		谷		■		△			片面穿孔？
近畿	河内		池島・福万寺遺跡						○	
近畿	和泉		陵西（舳松南高田）						○	
近畿	摂津		垂水南						○	
近畿	摂津		山之内						●	
近畿	播磨		新方		○				●	
山陰		○	出雲遺跡群		◎		○	○	○	
山陰	出雲		忌部後原		◎		○	○		
山陰	出雲		樅の木		○		○	○		
山陰	出雲		大角山		○			○		
山陰	出雲		勝負		○		○	○	○	
山陰	出雲		大原		○			○	●	
山陰	出雲		福富Ⅰ		■		○	○	○	水晶三輪玉
山陰	出雲		史跡出雲玉作跡 宮垣		■		○	○	○	
山陰	出雲		史跡出雲玉作跡 宮ノ上		■		○	○	○	（合子形未成品）
山陰	出雲		堂床		■		○	○	○	
山陰	出雲		平床Ⅱ		■		○	○		碧玉管玉僅少

○有り　△不確定　◎碧玉製品含　□片面・両面穿孔管玉両方あり　■片面穿孔管玉　滑石●は滑石管玉含む。

図４　古墳時代の玉生産地域とその変遷、内容

ます。だからこそ、六世紀中ごろ、列島各地の玉生産がなくなっていくときにも、その生産を継続していく出雲の玉生産は別格なのでしょう。五世紀の後半から六世紀、玉自体がヤマト王権中枢部の中では徐々に主流ではなくなっていく時期にはありますけれども、列島各地の古墳の副葬品としての玉は、徐々に出雲の独壇場に変わっていく。そういう中には、単にすべてが王権を介していくのではなくて、こうした独自の動きが実は玉にはあるのかなと思います。

金属製品などは、装身具、最上層の馬具、甲冑など、古墳時代を通して何らかの形で王権中枢が関わる形で展開していきます。これに関して滋賀県文化財保護協会の辻川哲朗さんが興味深いご説明をされています。中期までは、埴輪の生産というのは百舌鳥・古市などのまさに大王墓たちから、各地の古墳に技術が伝えられる。各地には生産、工人、技術伝承も含めて中央から地方へ流れていく。一方、後期になりますと、それまでとは違うルートとして王権を介さない横の流れも出てくるというようなことをおっしゃっています。

一昨年「東国尾張とヤマト王権」という展示をやったときに、ちょうど辻川さんなどがその辺りのことを書いたので勉強させてもらったのですけれども、「尾張系埴輪」という特徴的な埴輪があります。この埴輪は、どうも王権を直接的には介さずにほかの地域に伝わり、同様な埴輪が作られている。この地域の大豪族でありこの埴輪と関係が深いと考えられる尾張氏という豪族は継体大王の外戚です。ということは、王権とは全く関係がないとは正直言いにくい部分はありますけれども、どうも王権の埴輪とは違う埴輪たちが、明らかに地域を越えて広まっていくのです。古墳時代後期という時代は、そういう時代とみることもできるのではないでしょうか。

六世紀中頃以降、継体大王のあと安閑、宣化、欽明天皇含めて、ヤマト王権自体はこの時期、かなり各地の豪族をすべてなぎ倒し、筑紫を征伐し、圧倒的な中央集権的な国家に徐々になっていく時代ではあります。けれども、この時期に出雲を中心とした玉生産と玉の流通があったことは確かです。そうしたことを許容されたのが出雲という勢力でした。五世紀の後半から六世紀、玉をめぐってヤマト王権に協力する中で、出雲は経済的な活動を活発にしたものと考えられます。王権の中での玉の生産というものも当然ありつつ、それとは別の動きをする玉というのもその辺りに出てくるのかなというように思っています。

玉から見たヤマト王権と出雲、玉の古墳時代の中での位置付けを考えるうえで、玉の変化から見た玉の位置付けの問題と、生産体制や生産の組織の関わりなどのようにかかわるかというと、複雑な状況があるように思うのです。

しかし、出雲の玉というのが、そのあと古代まで継続する玉であった理由は、この辺りの出雲の動きにあるのだと思いますし、その流れの中で出雲の玉生産とヤマト王権との関わりを見ていくと、埴輪や例えば馬具とか金属工芸品などの様々な古墳の副葬品とは違う、ヤマト王権と各地の勢力、出雲との関係というのも見ていけるのかなと思うのです。

ただし、玉が古墳時代の中で中心的なものとはなかなか言えないとは思うのです。しかしながら、古墳時代を見る上で、ほかのものとはまた違った一面を玉は示してくれるものだというように私は思っています。そうした中で見ていくと、この出雲の玉の役割、その意味などは非常に興味深いと考えています。

まだまだ私の想像を含めた部分も入っていますが、今後、もう少し具体的な資料の在り方なども含めて、考えてみたいと思っております。

【第2部】考古資料が語り出す——出雲・畿内関係史——

埴輪が結ぶ出雲と大和

高橋克壽 先生

はじめに

花園大学の高橋と申します。この大学は臨済宗が設立母体となった仏教系の大学ですが、考古学の分野は四十年余りの伝統があります。私の研究分野は今日のテーマのような古墳時代、そして埴輪というものが中心です。

今日のお話は、出雲と大和の関係を埴輪から説明してほしいというご依頼を受けてのものです。そもそも大和といえば古墳です。そして、出雲といえば埴輪、とまでは言わないかもしれませんが、出雲に関する埴輪伝承が、日本書紀に載るきっかけとなる出来事があったことがなんとなく分かってきたところなので、その一端を聞いていただこうと思います。

古墳時代は三世紀後半から六世紀の終わりまで、三百年以上の長い期間があります。その時代に日本が、地域同士の均等な、あるいは個性豊かな集まりだったものから、大和に中心を置く、後の天皇につながる大王を中心とした一つの政治的な枠組みを築いていく時代です。ですから、古墳時代に日本という国があったのかと言われれば、研究者によって解釈は変わりますが、私は、古墳時代に日本という国家があったとは考えておりません。どちらかというと、まだ地域同士がそれぞれに独立しながらうごめいている時代。そこからだんだんと大和中心の序列が進んでいくようになっていく過程と見ております。そんな時代に、出雲がいかに王権との関係を築きながら色々なことをやっていたかということを知っていただければと思っております。

　その出雲は、古墳時代が始まる前に、独特なお墓の発達が見られた場所でした。長方形の四隅がしゃもじのように伸びた変わった平面形の墳墓が、どこよりも発達します。大きいものでは全長が四十メートル以上という、普通に考えれば古墳と言っても構わないような大きな墓を、地域の王のためにすでにつくって

高橋克壽（たかはし・かつひさ）**先生**

花園大学文学部教授
1962年、東京都生まれ。京都大学大学院文学研究科博士課程中退。文学修士。専門は日本考古学。主な著作に『歴史発掘9　埴輪の世紀』（講談社）、「人物埴輪の創出と古墳祭祀」（『前方後方墳と東西出雲の成立に関する研究』島根県古代文化センター）、『東大寺山古墳の研究』（共著。東大寺山古墳研究会他）など。

いたのです。出雲との関係も深いこともあって、同様な墓の発達の動きは南隣りの吉備でも見られましたが、その形は全然違いました。

西暦でいえば紀元後の一、二世紀というころとなりますが、そのころ、ここ大阪を中心とする関西、あるいは東隣りの東海地方は、まだ巨大なお墓をつくりはじめてはいません。いまだに、銅鐸の祭りを続けていたのです。出雲では王のためにみんなで力を合わせて大きな墓がつくられたということは、それだけ王やその一族の力が超越していたということになろうかと思います。

その西側に位置する九州地方は、鏡をはじめ様々な器物や先進的な文化を、中国や朝鮮半島から得ていたのですが、そこでも巨大な墳墓は発達しませんでした。そこでは、銅矛の祭りを続けていたのです。

このように、両サイドが青銅器の祭りを続けているころに、出雲などの中国地方は、青銅器の祭りを早々とやめて、競い合うように墓を盛大につくっていた時代がありました。

こんな時期に日本のどこが中心だったかという議論をしても仕方ありません。どのブロックでもそれぞれに豊かな弥生時代後期の文化を形づくって、まとまりもそれぞれにできあがっていたのです。そのまとまり同士の間で戦いが繰り広げられていたことが、中国の歴史書に「倭国大乱」として記録されたのでしょう。

さて、出雲の地域を中心とする日本海側では、勾玉や管玉を緑色の石からつくる玉つくりが弥生時代に盛んに行われました。つい先だって行われた天皇の即位に関係する三種の神器の剣と玉と鏡がありましたが、その玉を大事にするという文化が日本海側の諸勢力によって形づくられていく動きが、この時代にあったということです。玉つくりの点でも出雲は中心性を発揮していました。

そして、そのつながりが、四隅突出型の墳丘墓を、出雲から北陸にかけて分布させることになります。各地域は、基本的には陸ではなくて、船を利用した海沿いの交通手段によって結ばれていたものと思われます。それによって日本海側各地には共通の基盤ができあがったようです。その反面、出雲は、大阪や奈良のある近畿には、ある程度距離感を感じていたに違いありません。

以上の状況を踏まえ、**図1**に古墳時代が始まる直前の三世紀の日本列島の大きな地域の括りを示してみました。出雲の属する日本海同盟エリアに対して、瀬戸内海を取り巻く一つの大きな勢力圏を、近畿地方から北部九州にかけて用意しました。中国地方は南

図1　3世紀の列島の情勢

北に分かれています。この環瀬戸内海エリアが、中国王朝から見た場合に、政治的なつながりが強く、往来の多い奴国や邪馬台国を含む連合体（奴国・邪馬台国連合エリア）であります。

邪馬台国はこの中のどこなのかといえば、私は大和を含む畿内だと思っていますが、九州のどこかであってもそれほど怒ったりはしません。このエリアの中であれば、基本的にはどこでも構いません。岡山も含めてです。

一、大和王権の実態

それに対して、ほかのエリアを見ていただくと、まず、近畿地方の東に東海主導エリアを囲っておきました。じつのところ、東海西部はどうも環瀬戸内海勢力の近畿と一緒のところが多いのです。同じ銅鐸文化圏でもありました。ここでは畿内に反発して、東日本世界における主導的立場を誇ろうとした人たちがいたみたいです。その境界が、奈良と三重の境辺りになります。東海エリアの中心的な遺跡としては朝日遺跡を挙げておきました。

対して、環瀬戸内連合の中核で、畿内の著名な弥生集落である唐古・鍵遺跡を引き継ぐように登場した纒向遺跡が一躍発展し、都市としての機能をもつようになります。卑弥呼が都を営んだ場所ではないかとも言われている遺跡です。この遺跡がエリアの中で一番東端にあること自身、みなさん不思議に思いませんか。

しかし、逆に東海主導エリアが接していることが大事なのであって、東海を交渉相手とする場合の一番しやすい場所だから纒向遺跡が発達したのです。朝日遺跡が弥生時代を通じて発達したのも、西日本の精神文化や資材、鉄だとか銅だとか、そういったものを入手する上で拠点にふさわしい交通上の立地にあったからと言えます。ただ、あとで触れますが、こちらの場合は、環瀬戸内だけ意識していたのではありません。仲間のようですが、うしろに背負っているものが大きく異なるものどうしが互いのエリアの端で対峙しながら成長していました。

今の太平洋岸の話と比べると、日本海側は大きく異なります。玉つくりで言及したようにすでに山陰から北陸までつながっていましたが、その先が会津と呼ばれる福島県西部にまで届きます。ここで日本海側と太平洋側が合流するから会津というわけですが、四隅突出型墳丘墓みたいなものが、会津の辺りでも見つかり始めています。前は富山県で途切れていたのですが、どうもその先、東北地方まで届いていたようなのです。そして、その流れが東北地方の古墳文化への大きな転換をもたらすことになることもわかってきています。

もともと、福島から茨城にかけての辺りには、縄文土器にしか見えない天王山・十王台式などと呼ばれる弥生土器を使う人たちがいました。こうした地域圏を変えていくようにヤマト王権の成長に伴って古墳文化が広がっていきます。ちなみにそれより北は、縄文時代の伝統が長く続いた、西に比べると政治的な統合が異なる方向で進んだ後に蝦夷と呼ばれる人たちがいた場所になります。続縄文文化と呼ばれています。

二、山陰と大和の急速な接近：４世紀後半

さて、ようやく三世紀後半以後の古墳時代へと話を移します。初めのうちは、これまで話してきた弥生時代の地域色が濃く残っています。

まず、東海地方は、いつまでも畿内と仲悪くしたくはなかったのでしょうけれども、自分たちの個性として前方後方墳をつくり続けます。ほかの地域が畿内にならって前方後円墳を流行らせるのに対して、およそ一世紀の間、自分たちの王の墓は前方後方墳とすることにこだわりを見せるのです。

一方、出雲のほうは、そのいずれでもなく、むしろ方墳という四角い形の墳墓を四隅突出型墳丘墓のあとにつくる道を歩みます。

ついでに触れておきますが、今述べた主要な三つのブロックのいずれとも接するような場所に、琵琶湖を擁する近江があります。仮に東海主導エリアの人たちに意地悪しようとして、環瀬戸内海連合が「瀬戸内海を通さない」と言った場合、東海の人たちは、今の関ヶ原を抜けて琵琶湖の沿岸に行き、そのまま日本海同盟エリアとつながることができます。琵琶湖というのは、常にどこかが止まったときに別のルートの間に入って利を得るということをします。近江文化圏があるというよりは、東海に接したところは東海っぽいし、畿内に近いところは畿内っぽいし、北陸に近いところは北陸っぽい、そういうところが近江の面白いところかと思います。琵琶湖を通って三つの勢力が常につながる、対峙するという関係はいつの時代にも見られます。後の壬申の乱、関ヶ原の合戦前の段階など、いつでもそこが重要になってくるのは、地理的な関係で説明できると思います。

さて、ここからは埴輪の話です。埴輪はもともと土器を載せる土管形の台でした。吉備地方で発達した特殊器台と呼ばれるもので、三角や長方形、巴形の透かしや線刻による文様が表面に施されました。それに、あらかじめ底部に孔をあけてあるお供え用の壺を載せて墓で使用するのです。その後、これが古墳にぐるりとめぐらすものに変容して円筒埴輪が誕生しました。

特殊器台の胴体は土管形にまっすぐだったので、それが円筒埴輪にそのまま受け継がれ、円筒埴輪も上から下まで直径が変わらない土管形をしているのが普通です。ところが、**図2**に見るように山陰から丹後地方にかけての古いものには、裾広がりのプロポーションになっているのがよく見られます。円筒形器台と呼ばれています。

それに、もうひとつ、山陰の東部、因幡には、**図4**の上段の里仁三二号墳、六部山四五号墳例に見るような、円筒埴輪の上の部分が短い口のついた壺を載せたようになっている因幡型と命名された埴輪がたくさん見られます。ふつうは、上がラッパ状に広がるタイプの壺を載せた形に作られ、朝顔形埴輪と呼ばれるものが作られるのと大きく異なります。

これらのうち円筒形器台がより古くから確認できます。出雲では、もっとも古い古墳である神原神社古墳でそれが出ています。今まであまり注意されていなかったこの円筒形器台は、その後、播磨の地域や丹後の地域に広まります。裾広がりのプロポーション

1神原神社
2・3造山1号
4・5龍子三ツ塚1
6谷垣　7寺戸大塚
8命婦谷　9作山1

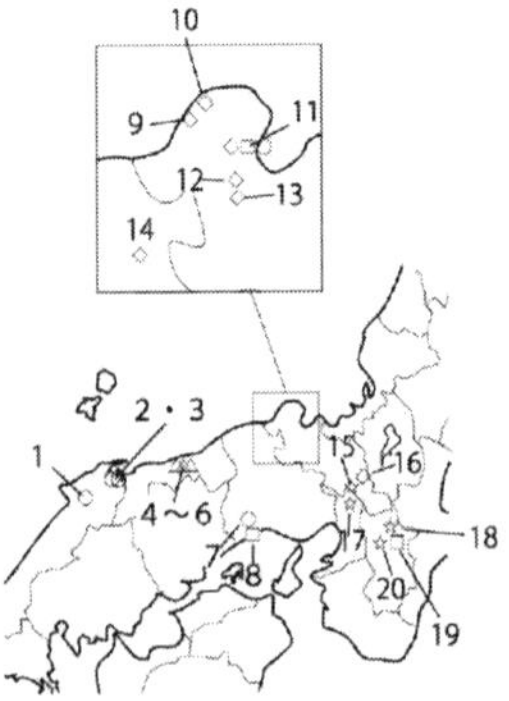

○円筒形器台　◇丹後型（因幡型）埴輪　☆裾広がりの円筒

1. 神原神社古墳
2. 大成古墳
3. 造山1号墳
4. 里仁古墳群
5. 六部山3号墳
6. 古郡家1号墳
7. 龍子三ツ塚1号墳
8. 権現山51号墳
9. 網野銚子山古墳
10. 丹後神明山古墳
11. 法王寺古墳
12. 蛭子山1号墳
13. 谷垣遺跡
14. 池田古墳
15. 寺戸大塚古墳
16. 命婦谷遺跡
17. 弁天山C1号墳
18. 小半坊塚古墳
19. 東殿塚古墳
20. 山本山古墳

図2　上：円筒形器台と丹後型埴輪、下：山陰・丹波と畿内の埴輪

をもつ円筒埴輪は、この伝統のうえに登場したと考えられるのです。

それは図2の星印の古墳から出ています。まだ正式な学名が付いていないから、裾広がりの円筒という名前にしてあります。18、19、20みたいに畿内の深いところまではいりこんでいるものがあります。いっぽう、丹後を中心とする地域は、それらと被るように先に話をした因幡型埴輪とよく似た丹後型と呼ばれる埴輪が点在します。

これらの分布のあり方は、古墳に関するものが、常に大和で生み出されてそれが地方へと展開していくだけではなくて、山陰や丹後の地域で発達したものが中央に入りこんでくることがあることを示しています。影響を受けるばかりではなく、発信するエネルギーがそうした地域にあったという点に注目したいと思います。なお、裾広がりの円筒埴輪は、ほかの瀬戸内や東海にもぽつぽつあります。

この状況がガラッと変わるのが、四世紀後半の鰭《ひれ》付円筒埴輪の登場です。図3の右にある松江市上野一号墳の埴輪に関する話となります。

私が奈良文化財研究所にいたころに、この埴輪がすごく気になりました。横にかまぼこ板みたいなのが付いていています。これが出現する事情は、なかなかまだ明確ではありませんが、その効果として考えられるのは、埴輪間の隙間を塞ぐということです。円筒埴輪を垣根のようにめぐらしたときの遮断性を高める効果があることは頷けると思います。

　これが、丹後型埴輪が流行っているところに、いきなり出雲に登場するのです。大和の円筒埴輪が初めて出雲に登場した瞬間です。距離にして三〇〇キロ以上離れていています。

　左に大和に接する京都府木津川市瓦谷古墳の出土品を並べておきましたが、次のような似た点があります。まず、一番下の段には、半円形の透かしを上の突帯に寄せて開ける。全体の高さも、ご覧のように同じ高さに作ってあります。ほかには、本体を回転させながら、

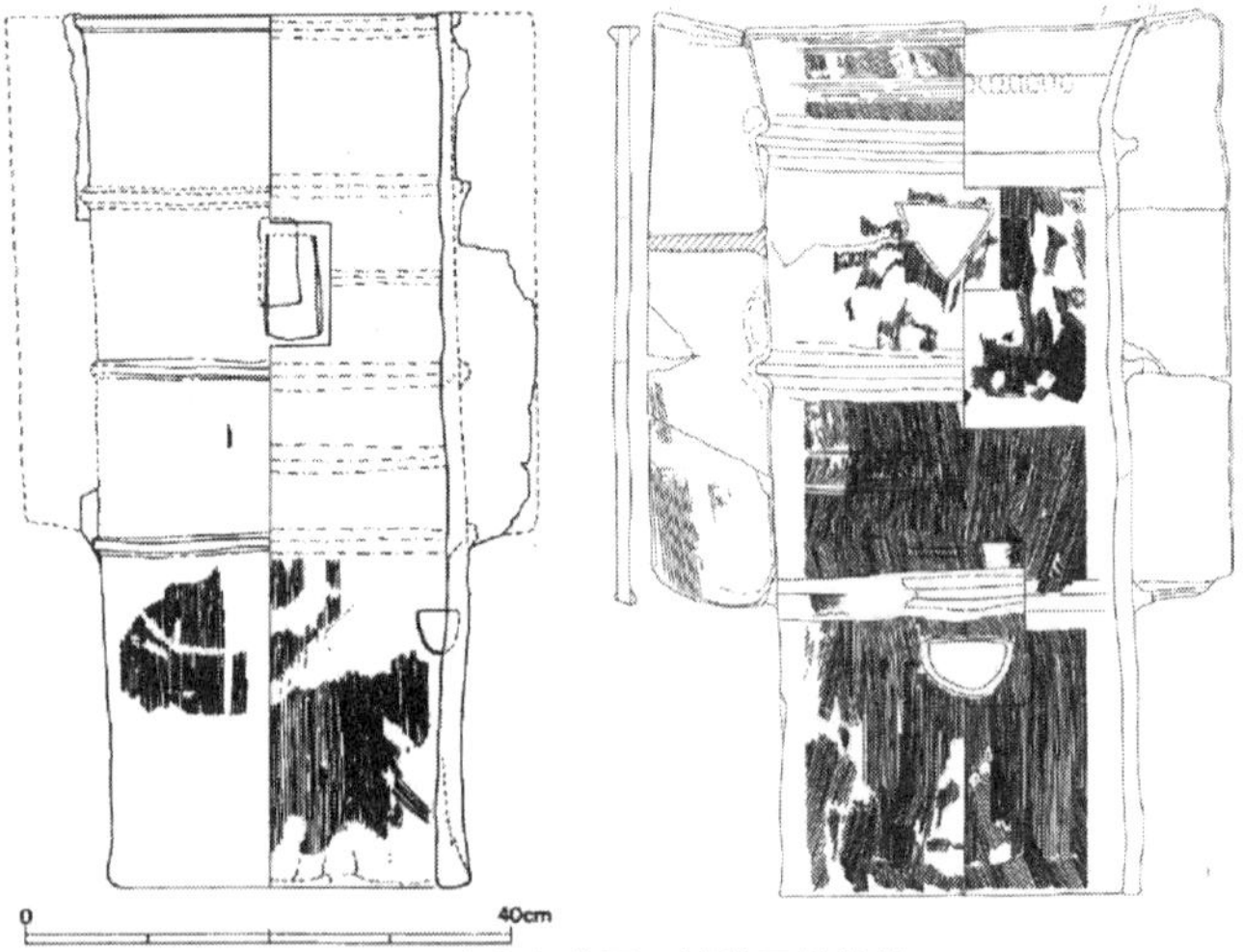

図３　大和と出雲の鰭付円筒埴輪
（左：木津川市瓦谷古墳　右：松江市上野１号墳）

外面に工具を押しあてて整える技法の駆使でも一致します。このように、規格から製作技法にいたるまで一緒のものが、西暦三五〇年を過ぎたころに遠く離れた地域に同時に出てくる。これは一体どういうことでしょう。なお、図４に出したように、少し遅れて、因幡型でも鰭付きのものが見られますが、これは二次的なもので、出雲のほうがよりダイレクトな中央とのつながりがあったと言えます。

また、同じ図４の下右には鰭付円筒埴輪の畿内の例として、京都府長岡京市長法寺南原古墳のものを出しておきましたが、これも同じサイズであります。どうやら、鰭付円筒埴輪のひとつのタイプは七〇センチで作るということが徹底されていたようです。長岡京市といえば、山陰道の起点に近く、山陰道を介して出雲と畿内、そして大和がつながっていたことが示されているのでしょう。

ところで、図４上段の因幡型埴輪と、中段にある上がスパッと切られたような丹後型とでは、いったい元祖はどちらかがよく問題にされます。因幡型の「この口の部分を取り去ったら丹後型になるのではないか」という人がいれば、「いやいや、丹後のほうが元で、因幡はそのアレンジですよ」と言う人もいます。ここでは、結論を急がず、互いの強い関係が現れていることだけを確認しておきます。

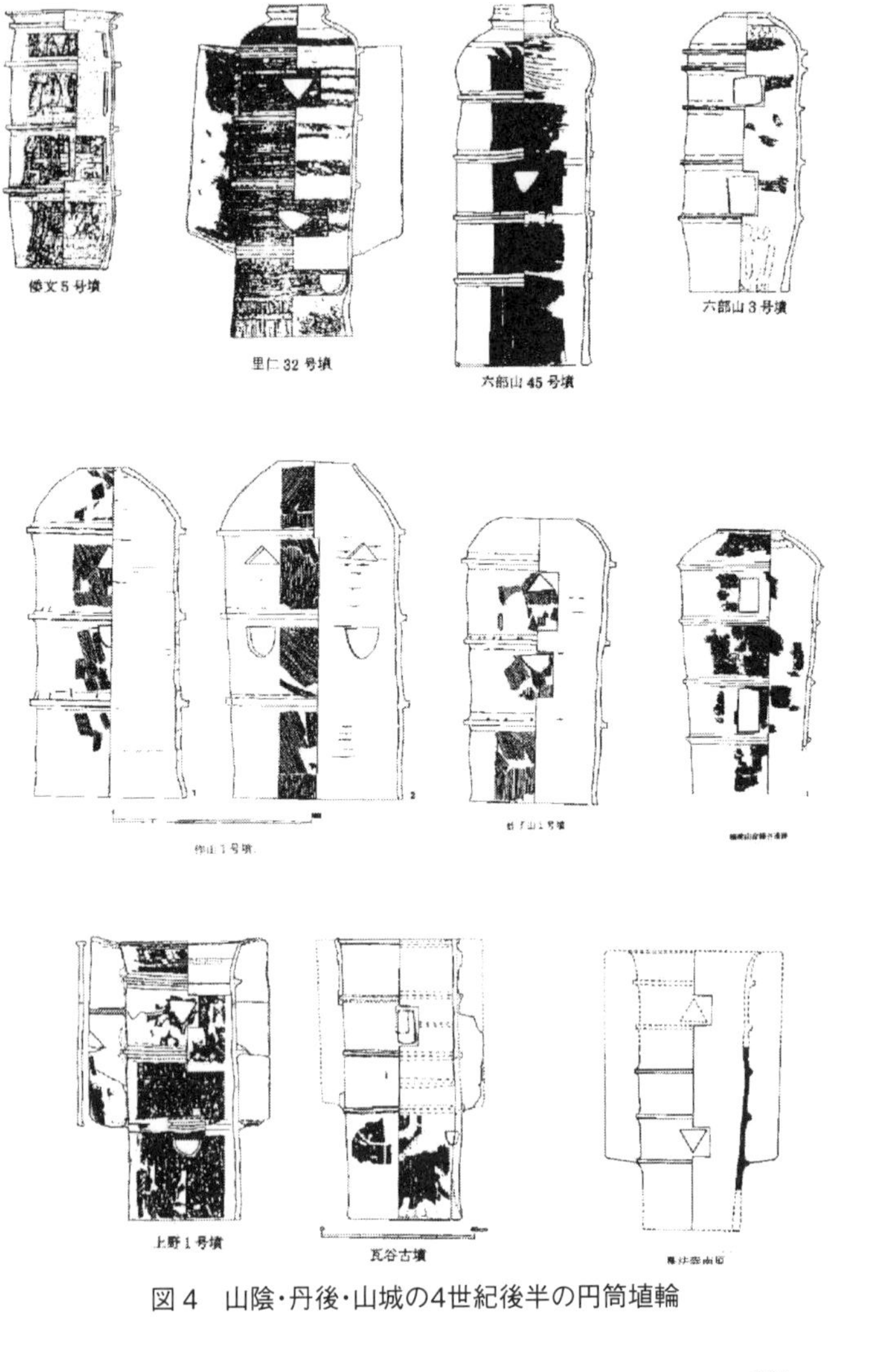

図４　山陰・丹後・山城の4世紀後半の円筒埴輪

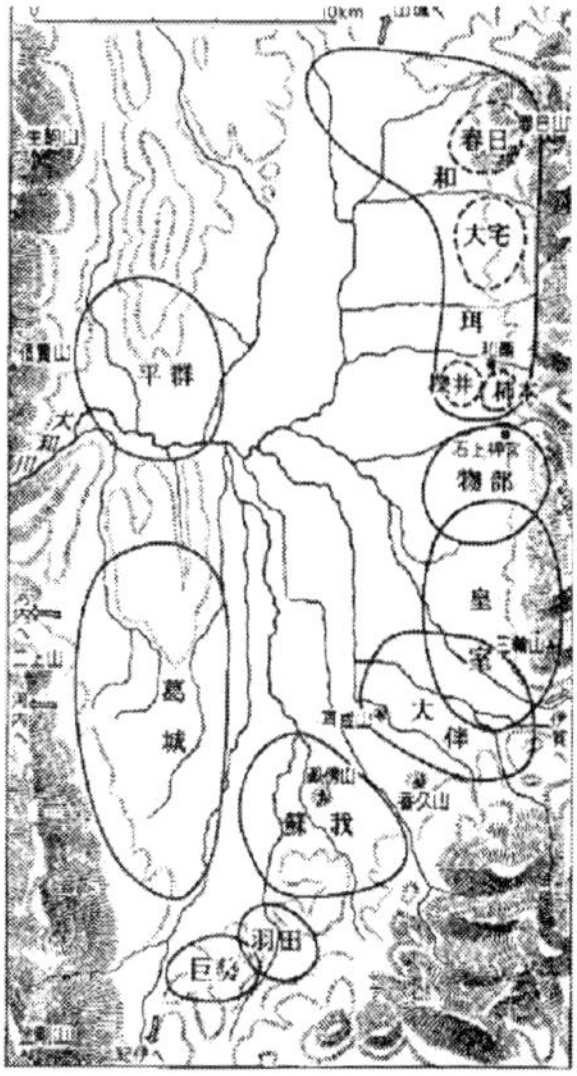

図５　大和の豪族分布
（岸俊男氏作成）
（出典：『世界考古学大系』3、平凡社、1959年）

さて、今、話している時期には、盾や蓋《きぬがさ》、靫《ゆぎ》、甲冑などの器財埴輪が、形象埴輪としては家と鶏しかなかったところに出現します。蓋に関しては、昨日（令和元年十一月十五日）の大嘗宮の儀式で使われていたように、偉い人は傘で守られています。傘があるということが、そこに偉い人がいらっしゃるというメッセージになるのです。また、靫は矢筒です。背中に背負って、矢を運ぶための入れ物です。盾や甲冑は身を守るためのものであることはいうまでもありません。

これらに共通するのが、高貴な人を守る性格ということになります。そうした性格は、先ほど「遮断性」を指摘しておいた鰭付円筒埴輪と共通項をもっていることに気づきます。思想的には一緒です。実際、両者は同じ古墳で一緒に出ることが多いのです。

では、出てくる古墳としてはどこが一番古いのかといいますと、大和でいえば、**図5**

をご覧ください。かつて岸俊男先生が作られた大和の豪族分布図を引用していますけれども、一番上のところ、春日や大宅と書いてあるところの西の大和盆地北部に二〇〇メートルを超える巨大古墳を含む佐紀盾列古墳群の形成が始まります。それまでの古墳は、纒向遺跡があった大和東南部の三輪山西麓に中心があって、箸墓古墳をはじめ、二〇〇メートルから三〇〇メートルの古墳がここにだけつくられていました。それが佐紀の場所にも巨大古墳ができるようになるそのときに、これらの埴輪が登場するのです。

なお、それから少しあと、五世紀になると大阪に巨大古墳が移ります。つまり、年代順にいいますと大和盆地の東南部、そして北部、それから河内・和泉の大阪へと巨大古墳のある場所が移っていきます。この順番が、ただただお墓をつくる場所が動いたに過ぎない。「大王やその取り巻きは一貫して大和にいた」と強く言う人もいますが、私は白石太一郎先生たちと同じように、この間で王権・王統が変わっていると思っています。

さて、三世紀の纒向遺跡がある場所は、南に近鉄大阪線が走っているように、東へ行くと伊勢につく。つまり東海への入口であることを話しました。「東と付き合うのは全部俺に任せろ」というわけです。そういう意味では、大和盆地の北部というのは、山陰・丹後地方や北陸地方など、北への入口としてみることができます。それだけ、盆地の中では出雲との関係が深くなりやすく、最初の巨大古墳で出雲と共通する埴輪が完成した蓋然性が高くなります。

ここで、唐突ですが少し横道にそれて、これまで話した内容と関わりがありそうな神話に触れておくことにします。

弥生時代の後期ころの、日本海同盟エリアの出雲と遠く離れた新潟との関係が、示されているのではないかと思える話があります。「此ノ八千矛神、高志国之沼河比売を婚《ま》か将《む》ト」。八千矛神（大国主の神の別名）が、出雲から高志の国の沼河比売に結婚を申し出るというお話です。一度訪ねて行ったものの、「私は女ですけれども、そう簡単には受け入れができません。殺さないでください」と言われる。「白き腕沫雪ノ若やる胸を」と、なかなか官能的な文章で、光源氏さながらのふるまいや、男心と女心をよく表したやり取りを重ね、あくる日に、「御合為ましき」、つまり結婚したというような内容です。

糸魚川市の東部、能生というあたりに沼河比売にまつわる場所があるのですけれど、場所の特定の当否はともかく、新潟県の西部にまで女性を求めていったこの話があって、その後、大国主の神は大和に行くことになります。大和の関係をつくる前に、まず出雲と北陸との関係が濃密であった時代があったことが伝えられているのではないでしょうか。最初に話した弥生時代の終わりころの話とよく合います。

しかし、ここで問題とすべきは、有名な垂仁天皇のときの埴輪の創設に関わる話です。ちょうど佐紀盾列古墳群の造営が始まる四世紀後半にあたります。倭彦命が死んだときに、お仕えする人たちを生きながらにして御陵の周りに埋め立てたことに端を発する説話です。そこではそれが昔からの風習としてあったかのように書いてあります。その者たちは長いこと死なないで、昼も夜も泣き叫んで、最後には死んでしまう。その死体を犬や鳥がついばんでいるのを見て、心を痛めた垂仁天皇は、「これは良くないことだ」。殉葬のことですね。この痛ましい風習を、後の世に残さないようにしなければいけないと悩んだというプロローグが用意されています。

そして、その四年後、今度は日葉酢媛命という皇后が亡くなります。このときに野見宿禰という人が、「生きている人を埋め立てるのは良くない」と、出雲の国の土部一〇〇人、のちの土師氏と呼ばれる人たちを率いて、「造作人馬及種種物形」と記されています。つまり、人を生き埋めにしたりするのをやめさせて、土で焼きものを作って、それに代えたということを埴輪の起源として伝えているのです。

野見宿禰の功績を称える記事ですが、即ちそれを祖と仰ぐ土師氏を顕彰するということになるわけです。今日では、これは、土師氏が墓づくりにやたら駆り出されて、あまり良いイメージではなくなった後の時代に、「祖先にはこれほど人道的な、立派なことを進言して、埴輪を始めた人間がいるのだ」と、イメージアップを図った作り話だとされていますが、昔の教育を受けた人たちの中には、それを信じている人もおられます。

実際、四世紀後半の時代にいわゆる人や馬の埴輪というのは、まだ現れていないというのが考古学側のスタンスでした。それらは、五世紀の中ごろ以降に出てくる形象埴輪で、考古学的には、「人物埴輪や馬形埴輪が、日葉酢媛命の墓が造られたそこまでは遡りませんよ。ですから、神話は疑ってかかりなさい」とされてきたわけです。私も、なるほど「考古学はすごいな」、「神話の内容も否定できるのか」と、感心したものでしたが、だんだん「いや、待てよ」と感じることが増えてきたのです。

その一つが、「そもそも人物埴輪とは一体何だろう」という疑問です。埴輪を専門に研究している人にとってそれは重要なテーマであります。**図6**には出雲の岩屋後古墳の人物埴輪を載せていますが、こうして手を前に合わせたり、万歳をしたり、ふくよかな胸を表現したり、「これは何を表しているのだろう」と、研究者は常に頭を悩ませてき

図６　松江市岩屋後古墳の人物埴輪（複製品）
（原品所蔵：東京国立博物館　複製品所蔵：島根県立八雲立つ風土記の丘）

図７　亀岡市坊主塚古墳の盾持人埴輪
（所蔵：亀岡市教育委員会、著者撮影）

ました。かつては、「これはお葬式の場面において、亡くなる人を見送る姿だ」という説が主流でしたが、今は、古墳を作ること自身が、次の王様が前の王様にすべき重要な仕事で、それによって、新たな王としての自分の存在を示すことになるということから、首長権継承儀礼の場面を埴輪で表現したのであろうという説が多数派です。

　私は葬送儀礼と深く関係する証拠をいま探しているところですが、その結論は先に置いておいて、ともかく、「なぜこの段階で人物埴輪が登場したように記されたのか」については、十分議論されてきませんでした。それが、その答えがだんだんわかってきたのです。

　図7に、けったいな京都府亀岡市坊主塚古墳出土の盾持人埴輪を掲げておきました。私はこれにピカチュウ埴輪とあだ名をつけているのですけれども、とても「人物だ」と言えない形をしてます。近くにある時塚一号墳からも、団扇みたいな顔をした盾持人の埴輪が出ています。これらは、5世紀後半のものですが、盾持人埴輪の起源を古く遡らせる資料が数年前に見つかりました。

　図9の盾持人埴輪がそれです。纒向遺跡の近くにある四世紀末の茅原大墓古墳から出ました。通常ならば盾形埴輪の一種に見えるのですが、頭のほうを見てもらうと、菅笠

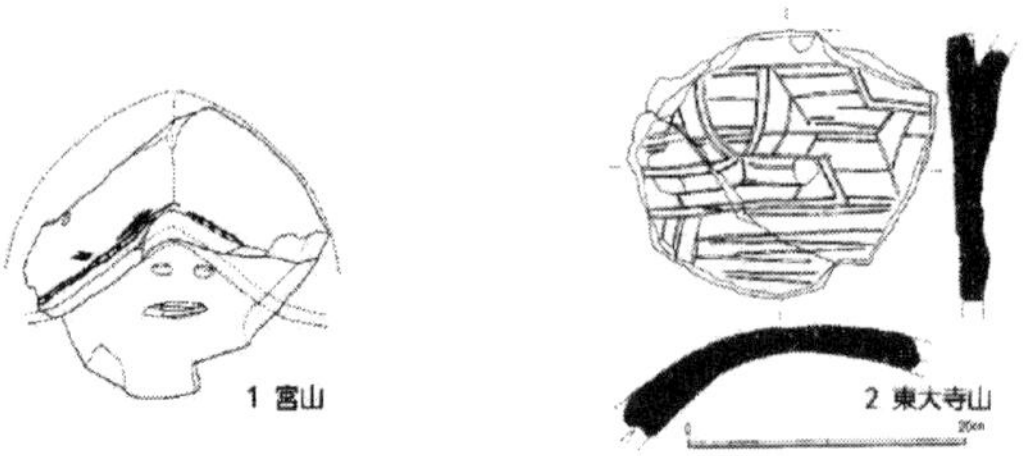

図８　頭部を有する初期の盾形埴輪

(出典：『石川流域遺跡群発掘調査報告』XXVI藤井寺市教育委員会、2011年（宮山古墳出土）、『東大寺山古墳の研究』東大寺山古墳研究会、2010年（東大寺山古墳出土））

図９　盾持人埴輪の復元例

(出典：『茅原大墓古墳―第１次～第６次発掘調査報告』桜井市教育委員会、2015年（茅原大墓古墳出土））

のような冑を被ったところに、ひげ面か入れ墨か分かりませんが、顔が書いてあります。私以外の多くの埴輪研究者は、これを見て顔があるのだから「最古の人物埴輪だ」として、大きく盛り上がりました。私は、「これは器財埴輪の盾の埴輪に、顔を付けただけ」と見たほうがいいと考えるのですが、多くの方が人物埴輪が四世紀末にまでさかのぼったと理解しました。同様なものは図8左の大阪府藤井寺市野中宮山古墳からも出ています。

　これに関して、私が天理大学の方々と一緒に整理をした図8右の東大寺山古墳の盾形埴輪を見てください。この断面をよく見ると、裏側が上に伸びている部分があります。何かというと、ここに首が載ると考えられるわけです。必然的に冑を被った姿の造形に復元されます。そこに顔が書いてあろうがなかろうが問題ではなく、機動隊の方々のような、完全防備の盾を構えた全身武装の姿となります。

　この東大寺山古墳の築造された時期は、蓋と盾の埴輪が器財埴輪として最初に登場した少しあと、二、三〇年後と考えられます。それまでは、出現後しばらくは盾だけの造形だったものが、時間を経て冑が追加されたと思っていたのですけれども、こうなると、最初から冑を被ったものがあったと見たほうが良いように思えてきたのです。

「では、その最初の埴輪はどの古墳に立てられたのですか」と問えば、それがまさに先ほどの神話に出てきた日葉酢媛命の陵墓と宮内庁が定める佐紀陵山古墳である可能性が高いのです。佐紀盾列古墳群の造営の嚆矢となる巨大古墳です。そこで、初めて採用された盾に頭部が付いた埴輪を何世代かのあとの人が見たらどうでしょう。きっと、実際に生きた人が埋め立てられていた昔の伝承を想起したことでしょう。つまり、人物埴輪を考案した最初の記念碑的なものとして日葉酢媛命陵が意識され、野見宿禰の功績が偲ばれていたことが、日本書紀に記されることにつながったのではないでしょうか。

さて、ここで、神話の背景として、殉死が日本に本当にあったのかということを考えてみたいと思います。いまのところ殉死の明らかな証拠というのは、畿内の古墳やその前の時代の遺跡を見てもありません。それに対して、対馬海峡を渡った向こうの朝鮮半島の地域、いわゆる加耶の地域などでは、たくさん殉葬が認められています。同じ時代です。

そこで、丹後の古墳を見ると、ひょっとしたら殉葬のあとかもしれないといえるものがありました。佐紀陵山古墳とほぼ同時期の京都府与謝野町の作山一号墳です。円墳の周囲に埋葬施設が一列に並べて設けられています。大きなものには木棺が使われているのに対して、小さいものには主墳と同じ埴輪が使われていました。古墳をつくった瞬間にしか作らない埴輪を、おそらく子ども用の棺に使った埋葬施設が整然と並ぶというのは、成人も含めて主人と同時に葬られた、すなわち殉葬が行われたことを示している可能性があります。そういう時代だったからこそ、野見宿禰の殉死代用説が生まれることに至ったのかなと思うのです。

なお、先に取り上げた出雲の上野一号墳をはじめ、山陰の初期の埴輪は、実は棺として使われることが多いことが注意されます。なかには古墳そのものに並べず、棺として利用することを目的にして取り入れた形跡があるものもあります。これも何か殉葬と埴輪との関連を考えるヒントになるかもしれません。

三、激変する王権と出雲の関係：５世紀

ここまでは四世紀の話ですが、次の時代の五世紀になるとどうなるかという話に移ろうと思います。五世紀の出雲では、相変わらず方墳をたくさんつくっているのですが、この時期には、完全に前方後円墳や前方後方墳がなくなります。各地の王たちが全国で前方後円墳をつくる時代に、出雲だけは違うのです。この状況に対して、今までは四隅

突出型墳丘墓の伝統などと、在地的なものとして古代史の世界では考えられてきました。

　ところが、島根県古代文化センターによってそれを覆させるような成果が出されました。五世紀中ごろの石屋古墳という一辺の長さ五〇メートルの大型方墳に並べられた形象埴輪を整理した結果、同時期のものとしては中央以外で見ることができない立派なものが復元されたのです。図10です。目立つものとして、椅子の埴輪があります。これには人が腰掛けていた形跡があります。次に右上に見えているのは下半身だけですけれども、褌をしめた堂々たる力士です。そして、その左が馬の埴輪。これも立派に作られています。本物の馬によほど詳しくなければ作ることができません。馬は当時最先端のリムジンでした。

図10　松江市石屋古墳の人物・動物埴輪
(所蔵：松江市教育委員会
写真提供：島根県立古代出雲歴史博物館)

　これらの大型で完成された内容は、ほかの地域に比べ明らかに早いものと言えます。他の地域では、せいぜい土人形みたいなものが少し出ているだけ

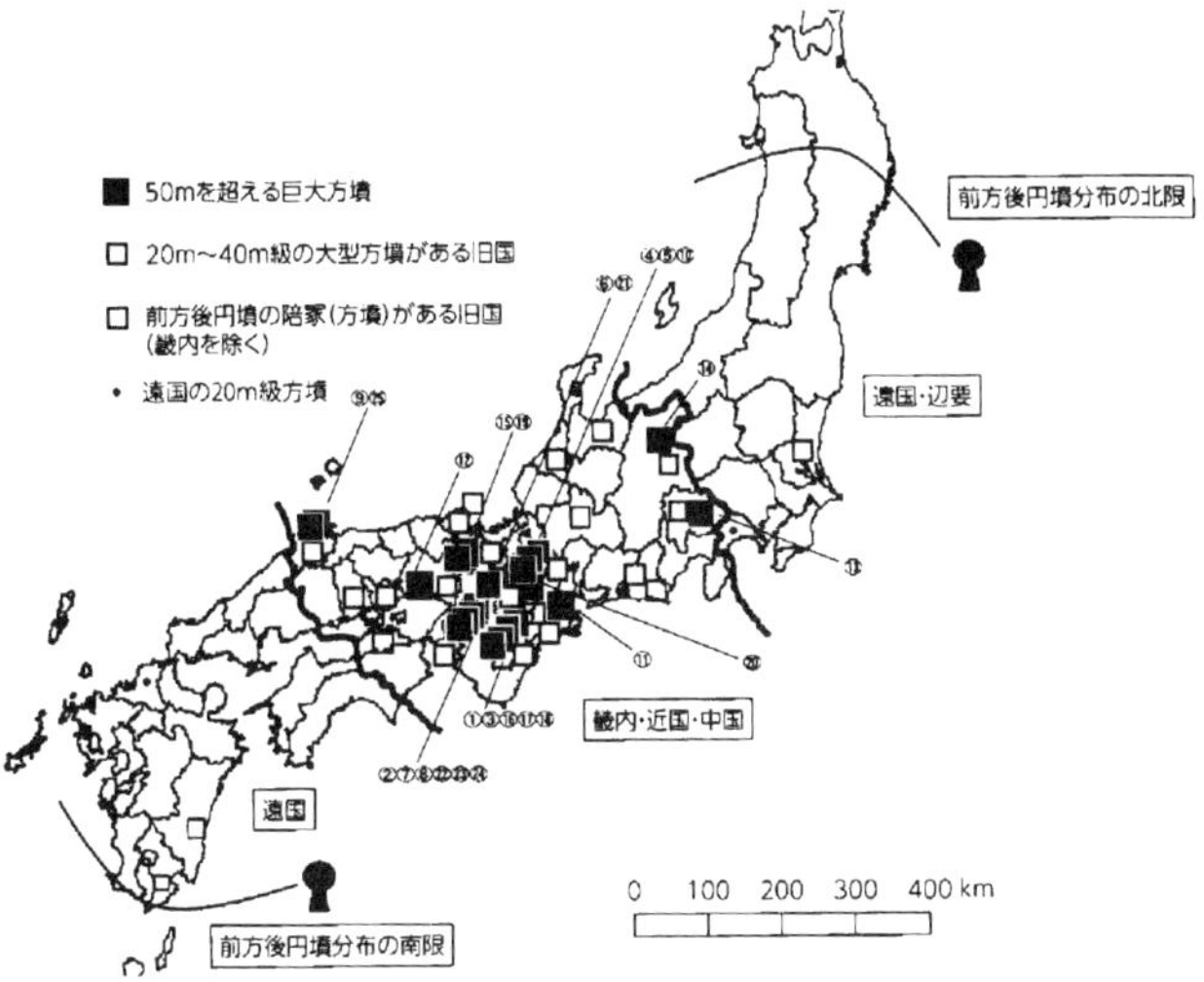

図11　大型方墳の分布（5世紀）

です。

石屋古墳だけでなく、島田一号墳からも中央の人物埴輪とそっくりな人物埴輪が出ています。

このことは、埴輪生産において出雲が破格の位置にあったことを物語っています。出雲から野見宿禰が土師部を率いて大和にやってきて人物や馬の埴輪を作ったという先の伝承との関連が強くうかがわれます。埴輪づくりにおける出雲の先進性、深い関わりが歴史書に反映したと見なければなりません。

それならば、それが並べられたのが、なぜ前方後円墳でなくて方墳なのかが問題です。この時期、大きい方墳は畿内及び周辺を除くと、出雲のほかには甲斐と信濃に少しあるくらいです。図11です。むしろ大型の方墳は、畿内の大王の墓とされる巨大古墳に付属して築かれていたのです。それらは陪塚と呼ばれ、大量の武器や鉄製品を納めたり大王と特別な主従関係にあった人が埋葬されたりしています。そういう人物と同じくらい重要な関係を、出雲の王たちは大王とのあいだにもっていたことになります。そのため、今述べたような瓜二つの埴輪が出雲と王権の御膝元で同時に出現したと理解すべきなのです。方墳の採用は、四隅突出型墳丘墓の伝統とはまったく違って、むしろ大王勢力との直接の関係を誇示するものだったのです。出雲の神話が日本全体の神話の中に占める位置にも通底するようなことでしょう。

　方墳にからめていうと、さらに興味深いことが指摘できます。出雲のことを調べたあとにわかってきたことですが、出雲と同じくらい五世紀に自分たちの王様の墓として方墳を連続してつくっていた地域がほかにありました。丹波です。五世紀にあっては一基を除いてみんな方墳なのです。これらの方墳を貫くように斜めに山陰道が走っています。いわゆる今の国道九号線。そしてこの先が出雲です。つまり畿内中央から山陰を結ぶ大幹線道路としての山陰道に入ったところでも、出雲と同じように方墳が王の墓として選ばれていたのです。どちらからの影響で方墳をつくったのかわかりませんが、少なくとも同じ理由で方墳を親分の墓に選んだはずです。

それが証拠にここでも五世紀の前半から中頃にかけてきわめて中央のものと似た埴輪が並べられていました。ただし、五世紀の後半になると、地域性たっぷりな埴輪が出てきます。それが先の坊主塚古墳や時塚一号墳の盾持人なんかです。「今まで『畿内との結びつき』を言っていたのに、矛盾するのではないか」と突っ込みを受けるかもしれません。おそらく、五世紀の前半にくらべて後半は、陪塚に帆立貝式古墳が用いられるようになるなど、王権の体制が変わってきているせいと考えられます。

実は、先ほどの石屋古墳の埴輪の中に、緑色の顔料で塗り分けた埴輪があります。緑色の着色のある埴輪を持つ古墳は、当時わずかしかありません。その中でも石屋古墳が最も古い例となります。その緑が亀岡の坊主塚古墳の埴輪の中にもあることを突き止めました。これはセラドナイトと呼ぶ顔料でできています。どうも山陰の地域と丹波の地域は、方墳の築造とともに、緑を使用したということにおいても共通性があるということが分かったのです。王権からではなく、それ以前から関係が深かった出雲から伝わったとみたほうが自然です。

あえていえば、丹波から先は一緒の世界かもしれません。丹波は、先ほどの列島の地域圏でみた日本海同盟エリアに一部入っていると見てよさそうです。丹波の地理的特性が、王権が出雲と手を組むうえで重要になったことが、これまでに説明した諸現象を引き起こしたと考えられます。

四、新たな時代へ：6世紀

しかし、方墳を造営することで王権との特別な関係を同じように示していた両地域は、六世紀になると、異なる歩みを始めます。丹波では前方後円墳が復活するのに対して、出雲では再び前方後方墳という、前期に一部あった墳形を採用するようになり、完全に全国でもここだけという独自性をもつことになります。背景に、王権との距離間の発生、あるいは埴輪づくりに対してのニーズの変化があったことが想像されます。五世紀とは違う、新たな時代が六世紀にやってきたことを強く感じさせます。いよいよ大和の豪族の連合が全国に君臨し始める時期を迎え、国家体制が整う段階に移るのです。

【第3部】列島文化・交通のダイナミズムと出雲

古墳出現期の出雲とヤマト

北條芳隆 先生

はじめに

東海大学の北條です。よろしくお願いします。

では最初の画面をご覧いただきます。**図1**は卑弥呼の鏡ともいわれる三角縁神獣鏡ですが、ただの三角縁神獣鏡とは違います。五七〇枚ぐらいある三角縁神獣鏡の中でたっ

図1　神原神社古墳出土の三角縁神獣鏡
（所蔵：文化庁、写真提供：島根県立古代出雲歴史博物館）

図2　箸墓古墳
（写真提供：梅原章一氏）

た一枚、「景初三年」銘が刻まれた鏡なのです。景初三年とは、女王卑弥呼の使いとして都市牛利と難升米らが魏の明帝に朝貢を果たした、その年ズバリなのです。

政治的な行事、あるいは外交関係を取り結ぶなどといった重要なイベントを迎えたときには、その年の年号を入れた鏡を作ることがあります。それが紀年銘鏡なのですが、

北條芳隆（ほうじょう・よしたか）**先生**

東海大学文学部教授
1960年、長野県生まれ。大阪大学大学院博士課程単位取得満期退学。文学修士。専門は日本考古学。主な著作に『古墳の方位と太陽』（同成社）、『古墳時代像を見なおす』（共著　青木書店）、「腕輪形石製品の成立」（『待兼山論叢』24）など。

では、そのたった一枚しかない重要な鏡はどこから出ているのかというと、今日お話をする出雲の神原神社古墳からなのです。

次の**図2**は、奈良盆地の東南部、桜井市の箸墓古墳です。こちらも卑弥呼の墓ではないかと言われます。

両者はどうつながるのかが本日の話題ですが、第一に、「古事記」と「日本書紀」で出雲と

大和はどう語られているのかを取り上げます。

第二に—今日の主題ですが—笠井新也という、大正時代から昭和の前半にかけて活躍した徳島の歴史学・考古学者の説を核に、箸墓古墳の被葬者説、そして投馬国出雲説の再評価にかかわる話題を提供します。最後のまとめとして、古代出雲と大和はどのような関係にあったのだろうかを考える、そういう形でお話をさせていただこうと思います。

一、古墳時代の出雲と大和をめぐって

まず、一番目の話題です。「古事記」にも「日本書紀」にも卑弥呼は登場しませんが、出雲や大和は舞台として登場する。その中で、例えば出雲はどのような描かれ方をしているでしょうか。「古事記」の場合は、国生みを行ったイザナミが埋葬された場所として比婆山が出てきます。さらに黄泉国に関わって出雲が登場してきます。それから、スサノオの降臨から八岐大蛇の退治、そして有名な因幡の白うさぎ、大国主、そこに大物主がやって来て、奈良盆地の御諸山への移設を大国主に要望する。「私は御諸山へ住みたいと思う」と。「では、どうぞ」という形です。そして最後は国譲り。これらはご承知のように出雲神話といわれ、古事記の中でも大変印象深い情景が続きます。

このうち出雲から御諸山への大物主の遷宮という記事ですが、それは神武東征の布石だとしか言いようがない。なぜなら、神武は九州から奈良盆地へ東征するからです。最初に大物主を出雲から奈良に移しておいて、その次に神武が九州から奈良へ向かうという筋立てになります。そして、みなさんご承知の出雲大社。こちらはまさに国譲りの見返りというような位置付けで古事記では語られます。

ようするに出雲と大和は非常に深い関係にあることがよく分かります。しかし、不思議なことに「日本書紀」には大国主がなく、因幡の白うさぎも登場しません。ただ、スサノオは最初、新羅に降り立ち、後に出雲に来るというような記載が「日本書紀」の一書ではみうけられるというところです。

つまり「古事記」の世界観の中では出雲が非常に重視されていることをご確認いただけると思います。現実に祀られている出雲大社の由緒、なぜ出雲大社がここにあるのか、というところも「古事記」なら確認できるという特殊性があるのです。ではなぜ出雲なのか。大和との関係でその重要性を語り、両者を結び付ける考古資料はあるのだろうかという課題が浮上します。古くから歴史学者や考古学者の間ではこの点が問われ続けてきたわけです。

二、出雲と大和を最初に結びつけた考古学者

そのテーマに応えた人物が笠井新也です。彼は国学院大学に学び、大正・昭和期にかけての時期、郷土史家としても活躍したほか、考古学の、特に古墳時代の研究を進めました。その笠井新也が提起した説として重要な三項目を紹介させていただきます。

第一は、邪馬台国は大和であったという説です。一九二二年に「考古学雑誌」という、考古学では権威のある雑誌にこの説を載せています。

第二は、投馬国は出雲であったという説です。それを邪馬台国大和説とセットで主張したのが笠井新也でした。

第三は、箸墓古墳は卑弥呼の墓だという説です。この説を三回にわたり、途中に一七年間の空白をはさみ、一九二〇年代と四〇年代に詳細に展開しています。

このうち第三の説は、現在、再評価されています。彼の議論は、「日本書紀」で語られているヤマトトトビモモソヒメは「魏志倭人伝」に登場する卑弥呼であり、箸墓古墳の被葬者であるという説で、一九二〇年代、四三年の各段階で箸墓古墳から見つかっていたデータを網羅しながら考察しています。墳丘の規模だけでなく形態の特徴や埴輪の

有無まで点検したうえで、やはり箸墓古墳は最古の前方後円墳だと主張しました。たとえば「魏志倭人伝」には「卑弥呼死す。径百余歩の墓をつくる」とありますが、径百余歩といえば一五〇メートルほどになります。現実の箸墓古墳も一五四メートルの直径ですから、ピッタリ合うではないかという説を展開したのです。

次に邪馬台国がどこにあるかという問題です。九州の不弥国は、今の宗像かどこかでしょうが、そこからいきなり「船で水行二十日」で投馬国に至る。そこからさらに「水行十日陸行一月で邪馬台国に至る」というようにあります。記載そのものは「南に向かう」となってはいますが、旅程を見ると、「日本海を伝って若狭湾に上陸し、琵琶湖の西岸を伝って大和へ南下すれば、ほぼ合うではないか」となります。つまり方位の問題を保留し、不弥国から邪馬台国に至るまでの旅程を、それなりに可能性のある候補として絞るとすればこのルートだろうと明確に示した点でも注目されるのです。

ただし笠井の説はその後、日本の考古学界で評価されることはなく、むしろ厳しい批判に晒されます。まず箸墓古墳の被葬者像をめぐって笠井説を批判したのは小林行雄でした。戦後の古墳時代研究をリードし、三角縁神獣鏡の研究で非常に有名な、京都大学で活躍された考古学者ですが、彼は笠井説を全否定しました。

小林の言い方はかなりの強弁です。「径一五〇メートルの塚といえば、弥生時代の墓制としては例がない。古墳時代の墳墓としても、前方後円墳の全長を表現したものと考えるほかない」と。「径百余歩」と記されているのに、です。そのうえ「卑弥呼の大塚のように、想像によって記した文章が混入していたということが明らかになってきた」とも言っています。なぜ小林行雄はこのような強弁を敢えてしたのでしょうか。

じつは小林自身が抱いていた前方後円墳の時代像がそうさせたのです。「最古の大王陵は崇神天皇陵からだ」という認識です。邪馬台国の時代の卑弥呼は、確かに魏の王朝から様々なプレゼントをもらった。けれども女王が君臨していた邪馬台国の状態では、ヤマト政権としての条件が整ってはおらず、その後、男王であるところの崇神が登場して、初めて前方後円墳がつくられるという解釈だったのです。卑弥呼の時代よりのちになって各地へと配布され、古墳に副葬されたという議論なのです。二三九年に鏡をもらってきた段階と、それが各地に配られる段階との間には、五〇年から一〇〇年くらいのブランクがあると考えたのです。

なぜなのか。崇神は男性ですよね。つまり「男性の世襲王権ができあがらなければ、ヤマト政権などというような確立された王権はなかっただろう」と考えたのです。卑弥呼は女王ですよね。結婚もしなかったし子どももいない。さらに彼女の死後、男王が立って混乱した後に出てくるのも台与、女性の王ですね。その段階というのは、まだまだ前方後円墳の出現に至るまでの過程であって、社会の構造としては未成熟だったと考えたのです。

そして箸墓古墳に関しても、小林行雄は笠井説に逐一反論をしていくのですが、墳丘のデータに関しては、「箸墓古墳は異常値だ」と判定しています。「日本書紀」では箸墓の伝説が有名ですが、実際の箸墓古墳は、今現在、崇神陵といわれている古墳よりも、前方部の高さの比率が少し高いのです。「高いということは、新しいのだろう」というように考えたという背景もあります。

いっぽう、景初三年銘の三角縁神獣鏡については、小林行雄は口をつぐむ格好になっています。一枚しかない「景初三年」銘鏡なので、同笵鏡が見つかっていないわけです。そうなると、神原神社古墳も同笵鏡の分有関係図から抜け落ち、非常に重要な鏡である半面、それを出した古墳の重要性が注目されない形になってしまいます。

一旦、小林行雄を離れますが、その後、やはり箸墓古墳は最古の前方後円墳と考えるべきだろうという資料が出てきました。埴輪の起源、特殊器台の分布に関してなのですが、円筒埴輪や壺形埴輪の起源は吉備にあって、大和にも持ち込まれてくる。それが円筒埴輪の始まりだということですが、箸墓古墳の墳丘からは、弥生時代の特殊器台の破片、宮山型といわれますが、その破片が実際に出てきたのです。この事実は宮内庁によって一九七六年に公表され、にわかに注目され直したわけです。

併せて、近藤義郎先生の調査研究が、初期の前方後円墳の特徴を捉えようというところで進められました。前方部のプロポーションは、最古のものだと側面が三味線のバチのような形で湾曲している。それをバチ形の前方部と申

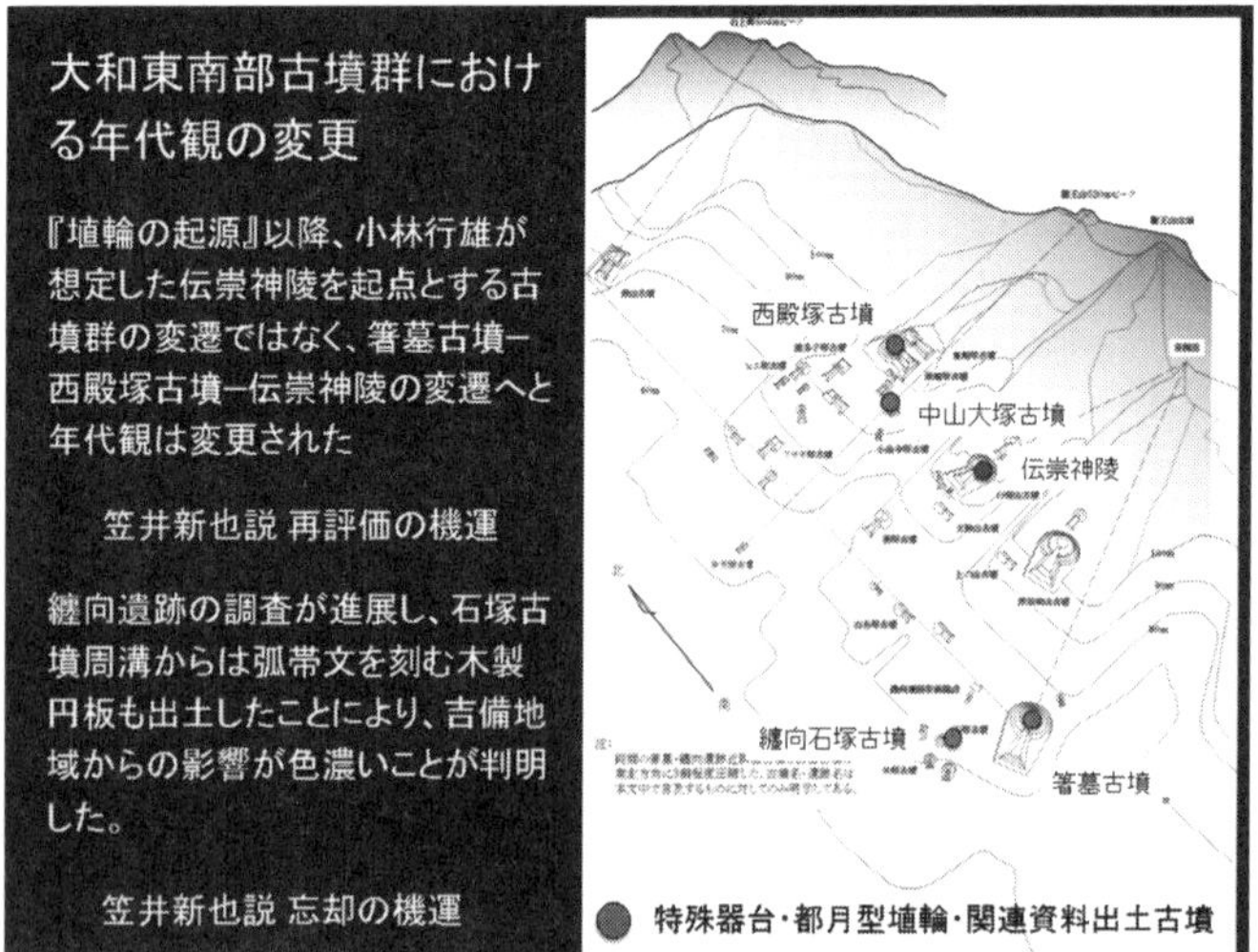

図３　奈良盆地の古墳群

しますけれども、箸墓古墳もバチ形を呈しています。すなわち最古型式だというわけです。

小林行雄の完全否定にもかかわらず、こうした新たな成果を受けて、一九七〇代の終わりくらいから八〇年代にかけての時期になりますと、箸墓古墳はやはり最古の前方後円墳と考えざるを得ないと、学会の雰囲気は急展開します。それによって笠井説は再度浮上してまいります。

では画面をご覧いただきます。図3は奈良盆地の東南部、箸墓古墳を含む、竜王山の山裾に築かれている最初の大古墳群です。

まず、特殊器台や特殊壺、それから都月型埴輪と呼ばれる最古型式の埴輪、吉備の勢力からの影響が非常に強い埴輪ですが、それを出土したのは、箸墓古墳、中山大塚古墳、西殿塚古墳で、「これらが伝崇神陵よりも実は古い」というような形で、古墳群の中でのそれぞれの古墳の年代観は大幅に修正されて現在に至ります。

それと併せてですが、一九七〇年代の後半から八〇年代にかけて、奈良県の橿原考古学研究所の石野博信さんなどが中心になって纒向遺跡の調査が進められ、その過程で纒向古墳群が注目され始めました。その中の石塚古墳からは、特殊器台の胴部に彫り込まれる弧文帯という特徴的な紋様を板に刻んだ木製の円盤が見つかったのです。

そうなってくると、この大和東南部古墳群の一帯の、最初に大きな古墳をつくった勢力とは、吉備地域の勢力から多大な支援を受ける関係にあったとしか考えようがないことがわかり、何よりもこの箸墓古墳が最古の前方後円墳に位置付けられたということで、笠井説が再評価される機運も高まってまいりました。

今はその延長線上にあります。たとえば一〇年近く前、国立歴史民俗博物館から「放射性炭素の年代測定によって、箸墓古墳の築造は二五〇年前後」という分析結果も出されました。箸墓古墳の被葬者は「卑弥呼であったはずだ」としか受け止められない分析結果です。笠井新也説そのものであることはお分かりいただけるかと思います。

ところが笠井の投馬国出雲説については、今度は忘却される憂き目にあうのです。瀬戸内側の吉備が俄然注目され始めると、吉備は邪馬台国に至る経路上に位置したとみるべきで、必然的に投馬国は吉備でなければならないという話になってきます。

では、吉備の話をしたいと思います（図4）。みなさん多くの方はご承知かと思いますけれども、岡山県の倉敷市には楯築弥生墳丘墓という、二世紀後半代では日本列島最大の大墳丘墓があります。全長は六〇メートルです。そして、墳頂部には高い石が六個立っています。二世紀の大王墓だとみてもおかしくないだろうなというような遺跡が確かにある。

特殊器台の分布もそうです。吉備の南部に中心があって、楯築の特殊器台などは、その中でも一番古いものの一群にあたります。

このような楯築がつくられた吉備とは、一体どういうところなのだろうかとなると、投馬国が吉備であった可能性が高い、そういった風潮が高まったわけです。

そして、投馬の語源だと指摘されるのが津島です。今現在、岡山大学のあるところが津島という地籍ですが、弥生時代から古墳時代にかけて大規模な遺跡が展

図４　楯築墳丘墓（著者撮影）

開した場所でもあり、そこが投馬であろうという説になります。この説は古代史の方も唱えられていらっしゃる。要するに、瀬戸内海航路が重視されるという風潮が、否応なく高まってきたわけです。

私も岡山大学で学び、広島大学で学び、最初の勤務先は徳島大学だったものですから、私自身も二〇年前までは「そうかもしれないな」と考えておりました。ところが、実際に四国に住んでみますと、「どうも少し違うぞ」と思うようになりました。

箸墓古墳よりも古い可能性をもつ最初期の前方後円墳が登場してくるのは吉備だったり、あるいは西播磨だったりというような、瀬戸内の東部のところに集中します。楯築弥生墳丘墓からの伝統が引き継がれ、前方後円墳の成立に重要な意味を持つところです。

この東部瀬戸内を核にして始まる古墳の規模や分布をみれば、全長一〇〇メートル規模の三世紀、四世紀代の前方後円墳は、たしかに吉備地域に集中しています。八〇メートル以上のものを示しても同じです。つまり瀬戸内の東部エリアは古墳時代にも盛んに経済活動も行っていたことが推測されるのですが、不思議なのは瀬戸内北岸の広島県と山口県の一帯です。そこは古墳の分布が希薄なのです。じつを申しますと、前方後円墳のつくられた三世紀、四世紀代の瀬戸内のルートは、主に四国側を伝ってゆくのです（図5）。

四国側を通って国東半島へと抜けるのです。それに対して北岸のルートは非常に疎です。存在したかどうかも分からないくらいの格好になっているというところがミソになります。

その理由ですが、瀬戸内は三つの海、三海というようにも言われるのです（図6）。どういうことなのかというと、鳴門の渦潮や淡路島は、元々旧石器時代は尾根筋だったのです。そこへ水が入ってきているわけですから、尾根筋と尾根筋の間は一つの溜め池みたいになって、太平洋側から潮が入ったり抜けたりというような状況になりますので、三つの海の境界はものすごい難所となり、潮位の変

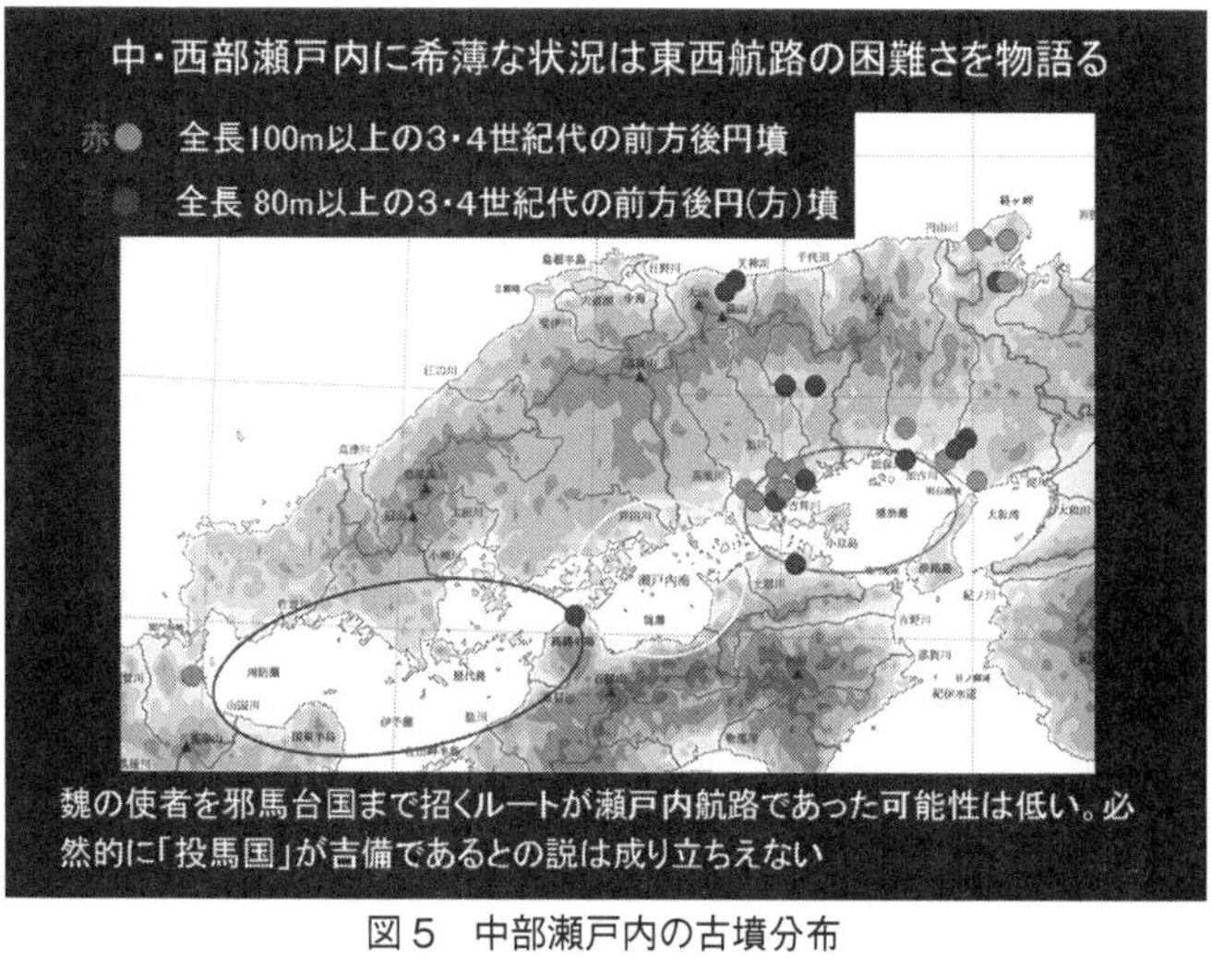

図５　中部瀬戸内の古墳分布

化も激しいし、波も穏やかではないので、船はどこへ持って行かれるか分からない危険さと常に隣り合わせだったのです。西からしまなみ海道、瀬戸大橋、明石大橋と鳴門大橋がありますが、橋を架けやすいところというのは旧石器時代までは尾根だった、海が浅いところです。そのため橋が架かっているところはどこも難所で、これらを通して航路をとるとなると、境界のところでその都度、潮待ち・波待ちをする必要があるのです。

　ですから、単に不弥国から水行二〇日で投馬国に行くというようなイメージで岡山までを捉えるとなると、これは不思議なのです。途中に必ず二箇所くらいは

図６　「三つ海」の現代

潮待ち・波待ちを経ないとおかしい。瀬戸内界隈で前方後円墳の出現などを研究しますと、この問題を避けては通れないのです。つまり魏の使者を邪馬台国まで招くルートが瀬戸内航路であった可能性はじつは低いのではないかという疑問がぬぐえないのです。もし瀬戸内ルートだとすれば、四国側の沿岸を渡っていく必要がある。けれども、それもやはり難所続きなので、途中で必ず潮待ちが必要になる、なかなか大変なのです。

それから、一九八〇年代から九〇年代にかけては、内陸のルートが注目されるようになりました。たとえば特殊器台や埴輪の入り方だとか、どの古墳とどの古墳とが一番関係が深いか、などという問題を見ていくと、中国山間部を通って南北に流れるルートが非常に重要だということも分かってまいりました。海の場合も同じように、三海それぞれの境界部分は南北間でつながれていたのです。

こうした状況ですから、投馬国吉備説というのはかなり苦しいのではないかなと疑問を増幅させながら二〇〇〇年代を迎えました。

三、「投馬国」出雲説の再評価

そして、三番目の話に入ります。投馬国出雲説の再評価の機運が、考古学者ではなく、近代史学者から出されることになりました。奈良女子大学の副学長の小路田泰直さん。
小路田さんは近代史、明治時代や大正時代の社会の歴史を専攻する関係で、彼は平凡社新書から『邪馬台国と日本人』という本をお書きになりました。

この本はぜひお読みいただきたく思います。邪馬台国九州説と大和説が、明治時代になぜ語られたのかをたどる本で、邪馬台国所在地論争を近現代史として見た場合にどうなるかが明快に書かれているからです。本書のあとがきには「現実に邪馬台国がどこにあっても、私にとってはどうでも良いと思っている」と書かれています。しかしその後、日本の近代史を考える上で、古代史がどうだったのかということが無縁であるはずがないと思い直され、車で近畿地方一帯を走り回ったあげく、あることに気付きました。丹後半島から加古川へ出るまで、中国山地を抜けますけれども、一番高いところの標高がわずか九三メートルしかないことに、です。「これなら峠ごえは楽ではないか」というわけです。そこからいきなり「魏志倭人伝にある投馬国は日本海側にあると考えるのが一番自然なのではないか」となったのです。彼の場合は、専門家筋に言わせると「単なる思い付き」と言われますが、ときにハッとさせられることがあります。

もう一つ紹介しておきます。ある晩、いきなり小路田さんから電話がかかってきました。「箸墓古墳のあのプロポーションはスカートをはいた卑弥呼だろう」と。「いや、それは少しマズいのではないですか」と諭したはずの私。すると、「聞きたいのは、そういう説を誰か考古学者は書いているのか否かだ」と彼。「もちろんないです」と私。「よし分かった。じゃあ行く」という一件がありました。高速道路の女子トイレの表示は、赤い丸と三角の組み合わせです。それを見た瞬間に「あれこそ女王卑弥呼でかつ前方後円墳だろ」みたいな奇抜な発想です。けれども「古い時代の宗教は偶像崇拝である場合が非常に多い。たとえば仏教がそうであるように」ということなのです。「箸墓古墳が卑弥呼の墓だったなら、同じ形状の墓を各地で再現することを通じて卑弥呼教を布教する施策、それが前方後円墳の波及ではないか」というわけです。すでに活字になり、考古学者は相手にしない説ですが、理屈としての筋は通っていることもたしかです。

　本題に戻します。二〇〇九年のことですが、奈良県の桜井茶臼山古墳という、全長が二〇八メートルある、箸墓古墳よりは一世代ほど新しい巨大な前方後円墳があります。この古墳を橿原考古学研究所の菅谷文則さんたちが発掘調査され、そこで奈良盆地では初めて「陳氏作正始元年銘鏡」が出土しました。正始元年というと、景初三年の翌年です。当然、卑弥呼の朝貢に絡む可能性が非常に高いのです。そのような魏の王朝の紀年銘鏡が奈良盆地で初めて出たのですから、改めて紀年銘鏡の分布を調べてみようと、地図に落としました（図7）。

先ほどは三角縁神獣鏡の同笵鏡の分有関係図を紹介しましたが、この図はそうではなくて、鏡の種類は三角縁神獣鏡より少し遡る鏡、あるいは別の鏡も含めてプロットしています。注目いただきたいのは、丹後半島からずっと点が結ばれるようにも見えるところです。そして、何よりも神原神社の景初三年銘鏡が非常に重要な位置を占めつつ結ばれてきます。

では、瀬戸内はどうでしょうか。ほぼ皆無です。山口県に一枚ありますが、

図7　魏の紀年銘鏡出土古墳の分布
（所蔵：文化庁、写真提供：島根県立古代出雲歴史博物館）

吉備が全くないというところはやはり重要だろうと考えます。

そして航路を書けば日本海ルートで丹後半島上陸となるわけです。笠井新也が最初に提唱したものと同じような状況が、やはり魏の王朝に関わる紀年銘鏡の分布でも辿れるということになるのです。そうなったら出雲を投馬国と考えるのが最も妥当で、その後、恐らく丹後半島側で上陸をし、いくつかのルートを辿って、大和の桜井茶臼山（正始元年銘鏡）まで結ばれる、ということになります（図８）。改めて投馬国出雲説を重視すべき局面を迎えているのだと私は捉えています。

ただし、そのように理解するとなると、

図８　鏡から推定される交通ルート

初期の前方後円墳の誕生にも埴輪の成立にも深く関わっていることが確実な吉備や西播磨、あるいは讃岐といった地域を完全に迂回する格好となります。この地域をどう考えるのかについてはのちにお話します。

それでは、いくつか具体的なルートを紹介します（図9）。笠井新也が考えた案がＡ案になります。若狭湾に上陸して琵琶湖の西の岸を通って大和まで入るという説です。Ｂ案が小路田泰直説で、由良川から加古川を下ります。もう一つ、最近の考古学者が有力視しているものがＣ案です。丹後半島を横切り、途中までは小路田説と一緒です

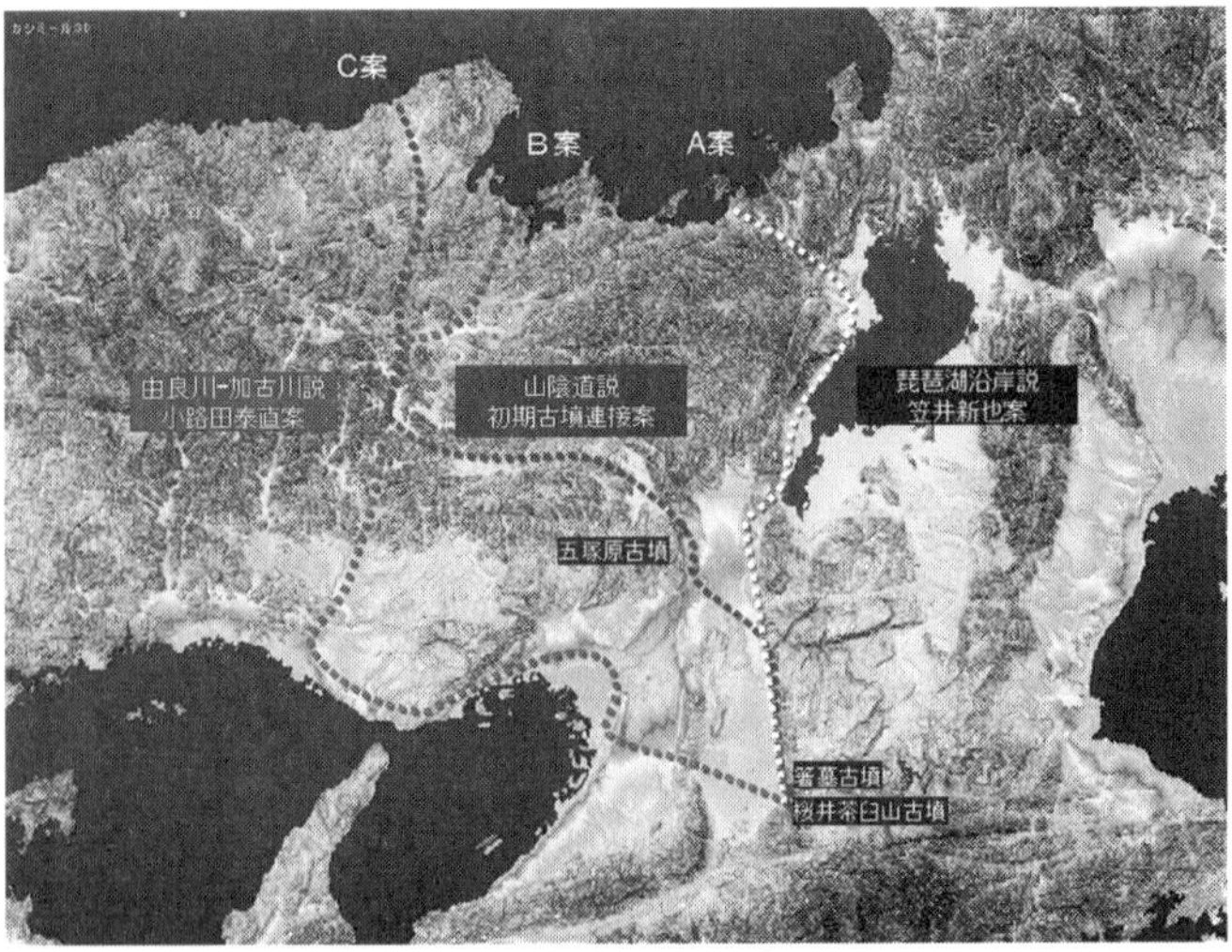

図9　南北ルートを推定する

が、旧山陰道を経由して京都盆地の西脇に出る。そして木津川を渡り大和に向かうルートです。

この最後のルートが今のところ一番有力ではないか私も考えてはいるところですけれども、当然A案もB案もC案も重要なルートとして並列していた可能性が考えられます。と申しますのも、特に加古川水系が濃いからです。少し時期は新しくなりますが、四世紀代から五世紀代の初頭にかけて、大きな前方後円墳がずっと連綿と築かれるエリアでもあるからのです。

今日、特に紹介したいと思うのは五塚原古墳です。京都府向日市にある最古の前方後円墳なのですが、B案との共通のルートを辿り福知山、丹波篠山を越え、京都盆地の一番西端へ、これが山陰道ですが、五塚原古墳はこの途上に位置するのです。全長九四メートルで、最近、箸墓古墳よりも古い可能性すらある、最古の本格的前方後円墳として注目される古墳です。

図10にはこの古墳の測量図を示しています。箸墓古墳のほぼ三分の一のサイズではないかと、古くから注目されておりました。前方部の側面が弧を描くことがお分かりいただけますでしょうか。バチ型の前方部を持つ前方後円墳なのです。昨年までの六年間に

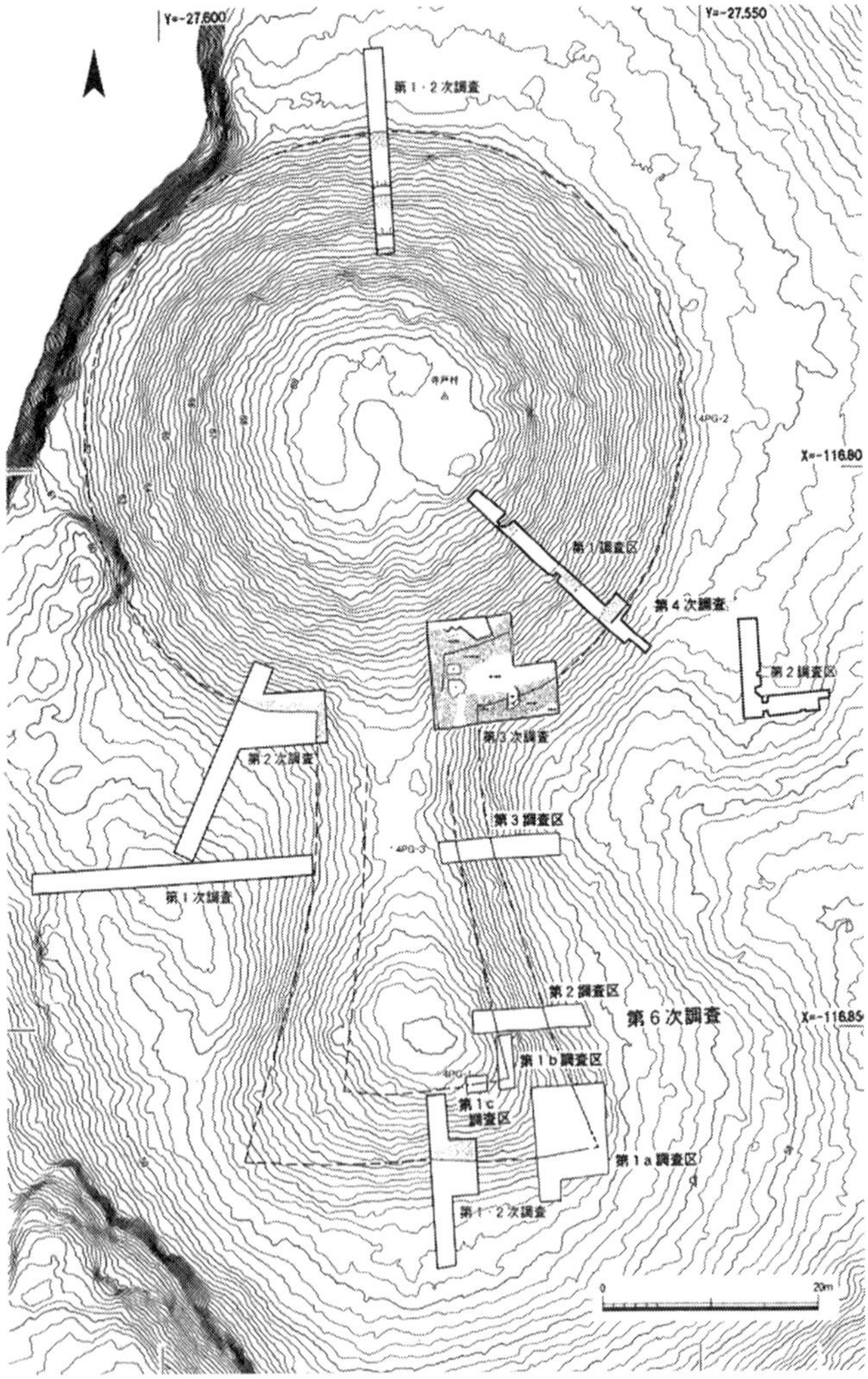

図10　五塚原古墳（向日市埋蔵文化財センター提供）

わたり、史跡整備のための墳丘の発掘調査が実施されました。丘陵上に築かれているのですが、墳丘全体が盛土で造成されていて、斜面の全面が葺石で覆われるという、見かけ上は完全な積石塚にも見え、箸墓古墳より古く最初につくられた真正前方後円墳ではないかとも考えられます。このような古墳が山陰道を伝って京都盆地の西端に出てきた場所につくられるということで、ことのほか重要な古墳だと思います。去年は後円部の中心から竪穴式石槨も検出されました。

この五塚原古墳についても、日本海側から伝うメインルートの脇にあるという位置付けが今後必要になる事例であろうと考えるものですから、ここで紹介させていただいた次第です。埴輪はありません。吉備からの影響が全然認められないという点でも面白いかなと思っています。

それから、冒頭でもご紹介いただきましたが、令和元年五月にちくま新書から「考古学講義」という新書を出しました。私が編集を担当し、出雲に関しては、島根県教育庁の池淵俊一さんに「ぜひ執筆してくれ」と依頼しました。私としては「投馬国出雲説を枕にして書いてくれないか」と要望したのですが、彼はさすがにそこまでは断定していません。しかし、卑弥呼の時代までは山陰側のルート、九州から山陰にかけてのルートが非常に重要で、瀬戸内側が希薄な半面、日本海側には、例えば朝鮮半島の土器もたくさんある。楽浪土器もあれば、勒島式土器もあるというところを具体的に紹介してくれました。さらに鉄器が入ってくる窓口、玄関口も当然日本海側であったことを書いてくれました。そして卑弥呼の時代までの島根県が一体どういう場所だったのかというと、そこは朝鮮半島側からの玄関口であったと同時に、九州から日本列島の東側にものを流すさいには日本海を伝う大動脈の要所だったとも述べています。

　では、池淵さんがどういうところに注目しているかというと、島根県出雲市の山持遺跡や古志本郷遺跡です。また鳥取県の青谷上寺地遺跡などです。青谷上寺地遺跡はご存知の方も多いのではないでしょうか。池淵さんによって、たとえば楽浪郡を拠点とする日本列島との交易ルートは、弥生時代の中期には非常に活発に展開していた、後期の初頭まで。そして、そのルートは出雲を越えて青谷上寺地へ、そして丹後半島や能登半島へ向かうということです。

　それに比べますと、この時期の吉備のルートは非常に希薄というか、少ないのです。閉ざされていたわけではないのですが、日本海側のほうが大動脈だということも鮮明になってきているのです。

それから、卑弥呼の時代になりますと、楽浪には高句麗や公孫氏が入りまして、世情は不安定化します。さらにその後は百済が誕生し、漢城が拠点になってくるわけですが、そこから北部九州へ、そして日本海ルートというのがかなり重視されるという段階になります。前半の弥生時代の中期までのところは原の辻・三雲貿易とか、あるいは卑弥呼の時代の前後のところは博多湾貿易とかいう形で今研究が進められています。それに沿って出雲を評価すると日本海航路の中の要衝としか考えようがないという整理をしていただきました。

私の理解に引きつけてみれば、こういう状況であれば投馬国は出雲にあったと考えるのが最も自然ではないかということになるわけです。

ちなみに、松江市の田和山遺跡などから出土した資料では、卑弥呼の時代よりも少し前になりますけれども、九州系の土器がたくさん入ってきています。それから朝鮮系の瓦質土器、板状の硯。弥生時代や古墳時代の前期・中期くらいまでは、日本は無文字社会。要するに、漢字などを使いこなす人々は、大陸や朝鮮半島からやって来たごく一部の知識人だったと考えられますが、弥生時代の中期という時期ですから、紀元前に遡って、硯——おそらくは朝鮮系の——を持って来た人がいたことを示しています。福岡市の久住猛雄さんが強調しておりますが、彼が言うとおり、非常に重要な発見だと思います。
そういう人たちが何に携わっていたのだろうかというと、先ほど池淵さんの説で紹介させていただきましたような対朝鮮半島、対中国、楽浪などとの交易です。そういう場面で、この硯で墨を磨って、筆で、「倭から出荷する物品が〇〇〇」というような、出納や商品の管理にしっかり漢字が使われていたと。

そして、その舞台は既に日本海側にはあったのでしょう。当然九州にもあって、日本海側にも広がってきたということを示す資料になるかなと思います。

このような形で瀬戸内側と山陰側を比べたらどうなるかというと、むしろ瀬戸内側のほうが裏筋にあたります。では、吉備の地域の人々はどうするかというと、玄関口の側に積極的な働きかけをする。そういうこともあって、中国の山間部のところ、岡山から出雲に抜ける山間部のルートが、吉備の側の要請によって、あるいは必要によって開かれ活発化したという可能性も当然考えるべきだろうと思うのです。

その後、邪馬台国の時代が終わり、前方後円墳の時代になりますと、例えば丹後半島にも全長九四メートルくらいの前方後円墳が築かれるようになります。日本海側の要所要所のところに津、恐らくこれが港になるのでしょうけれども、陸揚げの場所がつくられていきます。

この時期になりますと、それまでの山持遺跡だったり、古志本郷遺跡だったりという拠点は役目を終え、少し分散化していく流れが、ヤマト政権が確立しつつある段階には生じていたという形で整理できるのではないでしょうか。

さて、邪馬台国が大和だとして、そして、そこに向かうルートとしての投馬国は出雲であると述べましたが、では、一体吉備や讃岐側はどうなるのかについて、当然疑問にお感じになられる方は多いと思います。

私は半分以上自信を持っているのですけれども、邪馬台国、卑弥呼を死に追いやった敵対勢力としての狗奴国側だと考えるのが妥当ではないかと考えます。瀬戸内、中部九州あたりに狗奴国の主要な勢力がおり、それに対して近畿・山陰・北部九州が邪馬台国連合というべき、そういうグループになってくるだろうなということなのです（図11）。

根拠の一つとして、先ほど瀬戸内ルートは国東半島に通じることを少しお話しました。吉備や讃岐からはこのルートを伝って豊後・豊前に至り、そこから山を越えて肥後や肥前の勢力とも結び付く関係にあります。北部九州でいうと北岸部と西岸部では物流の入り方が少し違うのです。

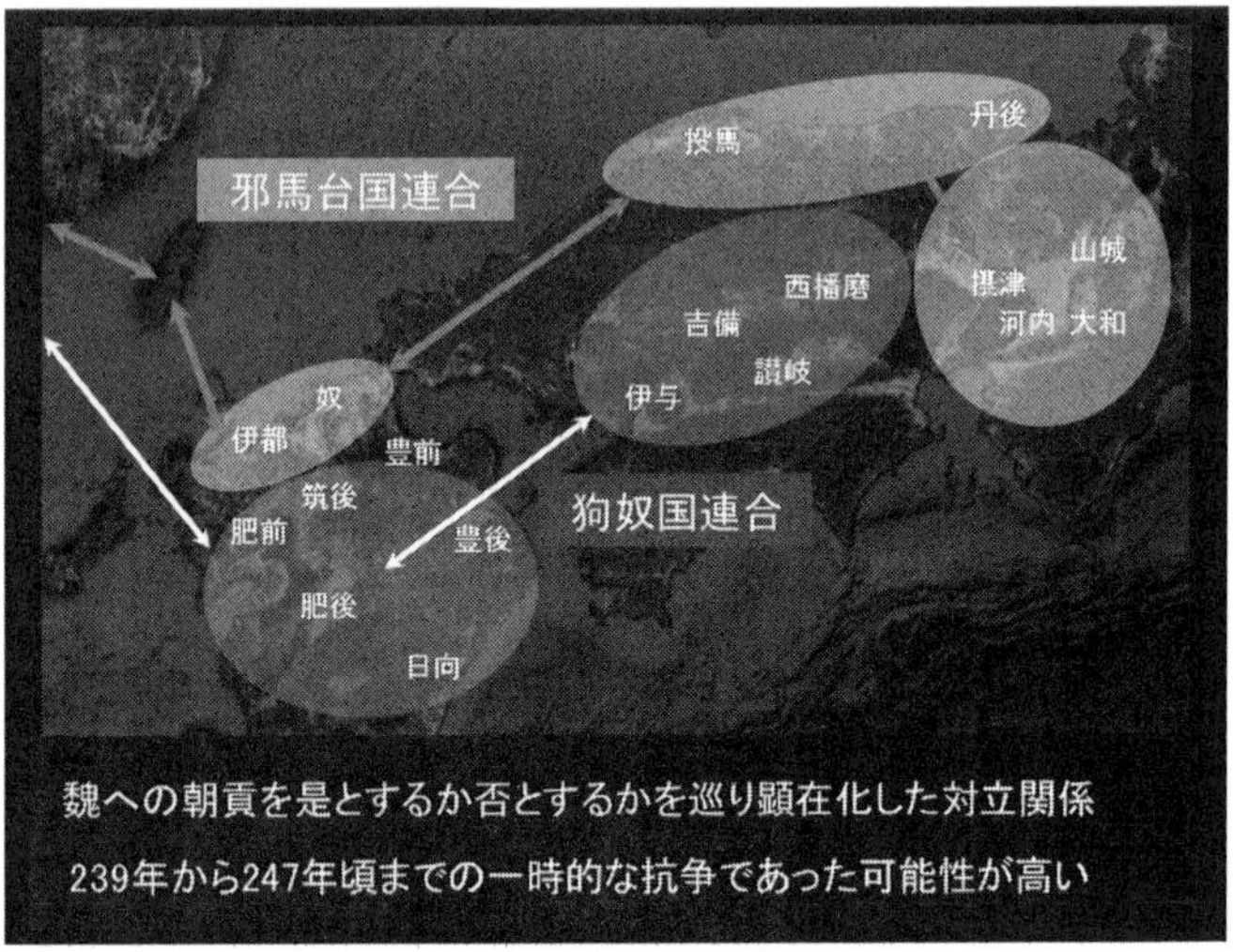

図11　狗奴国連合、邪馬台国連合

では、肥後や肥前の勢力はどうしたかというと、そのまま遼東半島に向かいます。そして、沖縄にもルートを持っています。いわゆる楽浪郡を拠点とした交易ルートとは別の、さらにもう少し古いかもしれないというルートを掌握していた海民集団というのは、九州西岸部を掌握していたのです。

こうした状態を見据えながら「魏志倭人伝」の記載を読み解くと次のようになります。一時期、魏への朝貢を是とするか否とするかを巡る政治路線の対立関係が発生し、狗奴国のグループと邪馬台国のグループは対立関係に陥った。卑弥呼はこの対立関係のもとで死去します。その死は敗戦の責任を負ってのことであった可能性が高いとみるべきでしょう。その次に男王が立ちます。その男王は勝者側だったはずなので、彼は狗奴国連合側の王だと考えられる。ただしその男王は立ったものの国中は服さなかった。そのため彼も廃され、卑弥呼の二代目の台与が立ちます。そうやって初めて国は安定したという経緯だったのではないかということです。つまり狗奴国側の勝利によって邪馬台国側は一時期屈し、男王の排除によって再興されるという筋立てです。

こうした推移を見据えながら埴輪の特徴と対比させます。最初の箸墓古墳は吉備色が非常に明確ですが、その後、急速に吉備色は薄れていくわけです。つまり箸墓古墳を卑弥呼の墓だとした場合、それを造ったのは狗奴国側の吉備勢力であったと考えられる。しかしその主導性は直後に失われ、次の大王墓になると吉備色を失いながら安定するという筋道が見えるのではないか、というところです。こういった部分が吉備とヤマト王権との関係を解く鍵になると考えるわけです。ここは聞き流していただいても構いません。ただ、投馬国が出雲だと主張する以上、瀬戸内の勢力はどう考えられるのかという解答も用意しなければならないという使命感から、私の考えを紹介いたしました。

四、古代の出雲とヤマト

最後に結論です。この出雲と大和ですが、冒頭のところで「古事記」の世界観の中では出雲が非常に重視されるという話をいたしました。では、その背景は何なのだろうかということです。恐らく天武朝の時期に古事記の基本構造が模索されているのだろうなと思うのですけれども、そのとき出雲は「去にしえ」の収斂先に選定されて、そして出雲神話の骨格が構想された可能性が高いとみています。

ではなぜ出雲はこの時点において「去にしえ」の収斂先として選ばれたのだろうか、という問いを立てます。そうすると、そこが投馬国であり、九州と大和を結ぶ最重要の中継点であったという実績を過去にもっていたからだ、という解答になるわけです。

七世紀末の段階で見れば、既に出雲が玄関口であったという事実は過去のものになっていました。前方後円墳の時代も終わっていますけれども、出雲がなぜ「古事記」の世界観の中であれほど重視されるのかというところに関しては、今述べたような解答が与えられるわけです。

また単に「去にしえ」の収斂先が投馬国だったということだけではありません。そこには太陽の運行に沿った私たちの感覚と不可分に結び付く側面があったと考えます。大抵、日の出の方角に関しては、未来やこれからの希望を抱きます。ですから、ご来光を拝みに行きますよね。それはなぜかというと、太陽が昇っていくからです。これから世の中が明るくなっていく瞬間だからです。

一方、日の入の方向には過去やこれまでの反省など、過ぎ去るべき時間という感覚をどうしても持ってしまう。太陽が沈んでいく先だからです。

このような人々の思いは、方位関連の名称にもそのまま反映されています。先ほど「去にしえ」と言いましたけれども、「去にし」は西の古語です。要するに西が「去にし」なのです。東は「日向かし」からきていますよね。では、大和と出雲の位置関係はどうなるかというと、ちょうど東と西の関係にあたるわけです。

そして、「去にし」の方角に位置する出雲から大物主が東遷した先は、奈良の御諸山だと申しました。一般的には三輪山のことを指すものと解釈されています。しかし私は、とある事情から、それは単なる間違いで、正解は高橋山・龍王山・三輪山の三山だと考えています。この三山が、冬至、春分・秋分、そして夏至それぞれの日の出の山にあたるからなのです。御諸山の諸というのは、どこまでも複数形ですよね。それを三輪山単独峰だと読むことはできないと考えています。ただし、今日は深入りしません。

　あらかじめ御諸山へ大物主が鎮座した状態のところに、もう一度神武が東征して奈良盆地に入ってくるわけです。十代の崇神は初めての実在の天皇ではないかという天皇ですが、その治世には疫病が猛威を振るうのです。その猛威を振るう神が大物主で、「オオタタネコに俺を祀らせろ」みたいなことまで言って、結構崇神が苦労するという話です。その段、「古事記」の中ではどう考えられていたのかというと、日向かし（東）側から去にしを顕彰するという王権の祭祀がやはり必要だろうということを、古事記の中でしっかりと語らせるというような筋がありまして、こういう構図こそが、まさに東と西との関係なのです。

　そして、大和というのは、去にしえの時期から考えてみれば出先にあたります。そのような出先側で今後の王朝政治を担うわけだけれども、去にしえとの絡みを、由緒付けを語るのが神話です。そのためには出雲神話がどうしても必要不可欠だった。これが「古事記」の世界観であり、出雲が重視される構図であろうと考えているのです。

　私からの話は以上とさせていただきます。ご清聴ありがとうございました。

【第3部】列島文化・交通のダイナミズムと出雲

弥生時代におけるヤマトと出雲の儀礼系譜

―縄文の記憶・文明の技―

寺前直人 先生

はじめに

ただいまご紹介にあずかりました駒澤大学文学部の寺前と申します。本日はヤマトと出雲の儀礼に関して、縄文時代の終わりから弥生時代、そして最後は古墳時代を展望するようなお話をさせていただこうと思います。出雲とヤマトというテーマですけれども、私は奈良県の出身でして、先ほどご紹介いただいたように、大阪で三〇歳過ぎまで働いており、西日本を中心に研究を進めてきました。今日の話題は西日本で研究を進めていた私が、東京にやって来て、東西の日本列島を見たときに、どういうことを考えたのかということが中心になってくるかと思います。

まず、大きな前提としましては、ユーラシア大陸全体の中の日本列島の位置です。カムチャツカ・サハリンから日本列島、そして南西諸島、台湾と続きますように、ユーラシア大陸の東半分の非常に広い範囲が日本列島を中心に南北に位置しています。北回り、あるいは南回りの交流もある中なのですけれども、弥生時代以降というのは、水田稲作適地である朝鮮半島から九州の北岸、そして今日のテーマである出雲も含む西日本の日本海沿岸が、ユーラシア大陸の文化・文明を受け入れる窓口になったということを、一つの前提としておきたいと思います。

もう一つ、水田稲作という点でいうと、最大で九州島の南端から本州島の北端まで、弥生時代の中で水田稲作が伝わっているということも分かってきております。

テーマの範囲であるヤマトというのは、いわゆる畿内地域、大阪湾沿岸などを含むエリアです。そして、日本海沿岸の中心として出雲という地域を設定したいと考えております。私は、北を下にした地図というのが好きです。現在の北を上にした地図では、瀬戸内海沿岸から太平洋沿岸の、東海道新幹線などが通っているエリアを中軸あるいは表側と考えがちですけれども、私は弥生時代以降の歴史を考える上で、日本列島の南を上にした形で考える。すなわち福岡県を含む玄界灘沿

寺前直人（てらまえ・なおと）**先生**
駒沢大学教授
1973年、奈良県生まれ。大阪大学大学院博士課程後期修了。博士（文学）。専門は日本考古学。主な著書に『武器と弥生社会』（大阪大学出版会）、『Jr.日本の歴史1　国の成り立ち』（共著　小学館）、『文明に抗した弥生の人びと』（吉川弘文館）など。

岸、そして島根、それから京都の北部といった日本海沿岸を中軸、表側とし、それらの地域に比べると大陸側・朝鮮半島側から見て遠い位置になる奈良盆地、あるいは瀬戸内の内陸部に入ってからのエリア、これを周辺、裏側として今日は話を進めます。現代の感覚とは少し違う視点で話を進めているということをイメージしてもらうと、内容が理解しやすいかなと思います。

もう一つは、これも出雲を中心に考えると非常に分かりやすいと私は考えているのですけれども、あえて文明の中心地という言い方をしますが、大陸・朝鮮半島、北部九州という先進地と、ヤマトを含む列島の東側の周縁世界、後進地という区分もできます。出雲というのは、その中間的な様相として見ていくと分かりやすいのではないかと考えております。具体的にいいますと、有名な荒神谷遺跡等の銅鐸のような権力者が独占できない青銅器がある出雲と、四隅突出型墳丘墓に代表されるような、大きな権力者の墓がつくられる出雲の姿。この弥生時代に見られる二つの側面こそが、ここでいう中間地域としての出雲の特徴なのだと考えております。

それから三番目。これは本日の報告をふまえた展望でもあるのですけれども、弥生時代のあと、奈良盆地を中心に巨大な前方後円墳が九州から東北まで広がることは、みなさんもよく知っているかと思います。

それでは、なぜそのような新しい墳墓文化の中心が後進地であった奈良盆地につくられたのか。これはいわゆる邪馬台国論争の中でも議論されたりしておりますけれども、今日は少し角度を変えて、縄文時代から弥生時代の様子を踏まえると、奈良盆地に大きな古墳が築かれた理由も説明できるのではないかという展望を披露させていただこうと思っております。

扱う考古資料は非常に多岐にわたります。土偶を使ったり、石棒を使ったり、銅鐸を使ったり、それからお墓の話もしたいと思います。

一、土偶と石棒―文化は東から西へ

図1は島根県飯南町の下山遺跡から見つかっている縄文時代後期後半の土偶の破片です。頭、手、足が折れています。横から見ると乳房がドンと垂れ下がっているのが分かりやすいのですが、これと非常に似た土偶が福島県福島市の上岡遺跡というところから見つかっています（図2）。このようなポーズをとっている土偶、中でも肘、膝、腰を窮屈に折り曲げた土偶のことを、考古学者は屈折像土偶と名付けております。東北地方

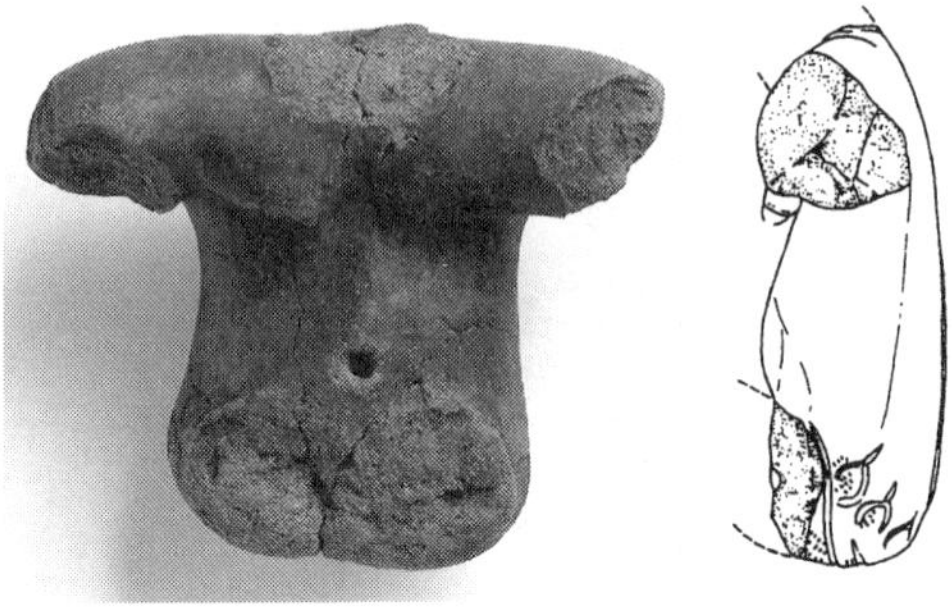

図１　下山遺跡出土土偶
（所蔵・写真提供：島根県埋蔵文化財調査センター）

の北部を中心に、縄文時代の後期から晩期、弥生時代の直前の段階に東北地方で流行する土偶です。こういった土偶が、実は遥か離れた島根県で出ているということをまず最初に紹介しておきたいと思います。島根と東北の交流の証といえるでしょう。

こういった土偶の一番有名なものが青森県八戸市の風張《かざはり》1遺跡から出ています。通称「祈る土偶」です。国宝に指定されています。二〇センチと大きなものです。

ただ、祈るというのは、手と手を合わせているという姿勢から祈るというように呼ばれたのですけれども、私はこの土偶に関して、次のように考えています。

まず、お腹には突出した線のような表現があります。さらに股間には女性器とみられる表現があります。顔に髭《ひげ》のような表現があるので、男性かなと思われる方もいるかもしれませんが、女性器の表現があるので、女性ではないかと私は考えています。

図２　上岡遺跡出土土偶
(所蔵・写真提供：福島市)

屈折像土偶は大、中、小ぐらいに分かれていまして、大きなものは二〇センチクラス。中ぐらいのものだと一〇センチぐらいのもの、小さいものだと四～五センチくらいというふうに、色々な大きさがあります。教科書だと大きな立派な土偶ばかり紹介されがちなのですが、この小さい土偶があるということにも、今日は注目してもらえたら良いなと思います。ポーズは大きなものも小さいのも、しゃがんで腕を曲げているという意味では共通しています。

では、この小さい屈折像土偶に注目してみましょう。腕を組んでいる、それから腰、膝を曲げているというのが特徴です。これと同じ特徴を持つものは、実は西日本でも島根県以外では和歌山県白浜町の瀬戸遺跡というところでも出ていまして、腕を組んでいるというところで共通性があるのです。

ただ、今お見せしたものと少し違うのは、足の部分になるのが板状でセンベイのようになっていますよね。これも、東北地方の岩手県に同じような板状の脚を持って腕を組んだ、同じようなポーズをとっているものがあります。やはり、瀬戸遺跡の土偶も、東北地方の小さい屈折像土偶と関係があるのではないかと考えております。

では、この屈折像土偶は一体何を表現しているのだろう、どういう意味があるのだろうということを考えてみたいと思います。

土偶の九八パーセントぐらいを占める、気をつけの姿勢をしている直立の立像土偶、みなさんのご存じの土偶は、ほとんどがこういう姿勢の土偶だと思います。これは気をつけの姿勢をとる縄文時代後期ぐらいに関東から東北南部で流行した山形土偶と呼ばれるものです。

この山形土偶を見ると、まず乳房が発達している。このような特徴は多くの土偶にもみとめられるので、一般的に土偶は成人女性を表現しているということが言われています。さらに下腹部が膨らんでいるので、妊婦さん、妊娠した女性を示しているという考え方が有力です。加えて、妊娠時にホルモンバランスの変化で見えるようになる腹部の正中線の表現もみられるものがあります。さきほど紹介した風張1遺跡を含めた屈折像土偶にも、下腹部が膨らんでいて、女性器の表現があって、さらには女性器の中から何か突出しているものもあるので、妊婦がまさに出産をしているシーンを造形したのではないかという解釈があります。私もこの意見に賛成です。

屈折像土偶には色々な姿勢があるのですけれども、いわゆる座産、座ってお産をするという、日本において西洋式の出産方法が導入される以前の出産のポーズが、この土偶には表現されているのではないかと考えられるのです。ということは、シンプルな解釈ですけども、やはりこれをつくった人々の目的は、母子の安全、安産を願った造形ではないかと考えております。

東北から島根県、あるいは和歌山県に伝わったという土偶を紹介しましたが、縄文時代の後・晩期というのは、精神文化である儀礼が東北から西日本に伝わるという現象が、この出産に関わる祈りの土偶のように、色々と認められます。

次に奈良県に多く見られる土偶を紹介します。奈良県橿原市の橿原遺跡からは西日本で一番多い一九〇点ぐらいの土偶が見つかっています。

ただし、東日本では山梨県笛吹市・甲州市の釈迦堂遺跡では一二〇〇点。青森市の三内丸山遺跡では、約一六〇〇点の土偶が見つかっていますので、一九〇程度の数というのは、東日本と比べるとたいしたことはありません。土偶は東日本の文化なのです。

橿原遺跡の土偶の系譜を考える上で、重要なのが遮光器土偶です。目が遮光器、すなわち北方にすむエスキモー（イヌイット）の人々が使っていたサングラスに似ているので、戦前にそのような名称がつけられました。顔もユニークなのですが、つくり方が変わっています。中が土器のように空洞なのです。こういう変わったつくり方をする土偶が、縄文時代の晩期、弥生時代の前段階には東北地方の北部、青森県・岩手県で非常に流行します。

　これが近畿地方にも影響を与えています。兵庫県神戸市の篠原遺跡で見つかっているのが一番西です。遮光器土偶を模倣した土偶は、奈良県橿原市の坪井遺跡でも見つかっています。同じく橿原市から御所市に広がる観音寺《かんのんじ》本馬《ほんま》遺跡でも、遮光器土偶に特徴的な腕の屈曲をもつ破片が見つかっています。先ほどは島根、あるいは和歌山の屈折像土偶を紹介しましたけれども、東から西への影響は、ヤマトにも及んでいるということが、こういった資料から見て取れるかと思います。もう一箇所、九州で多い場所があるのです。それは熊本県。熊本県でも一〇〇点近い土偶が、なぜか集中して見つかっています。

　このように、土偶に関しては縄文時代の後期から晩期、東から西に影響があるということを確認していただいたかと思います。

　次は石棒の話をしたいと思います。縄文時代中期には非常に大きな石棒がつくられます。日本で一番大きい石棒とされるのは、長野県佐久穂町の北沢大石棒です。畑の横に立っていて現地で見られます。長さは、掘り返して調査されたときのデータで二・二三メートル。縄文・弥生時代を通して最も大きい石器です。東京都国立市の緑川東遺跡では、敷石のある建物の中から一メートルぐらいの石棒が四点。同じく東京都町田市の忠《ただ》生《お》遺跡でも、関東だと一番大きい一・八四メートル、重さが五五・七キロで、成人男性と同じ重さ・高さを持っている石棒が、住居の中から見つかっています（図3）。

　忠生遺跡の石棒で注目したいのは、出土状況です。今は接合したので一本の石棒で展示されていますけれども、出土時はバラバラ、粉々に割れていました。なぜ割れたのか。住居を掘ると、たくさんの炭などと一緒に見つかっています。石をどのように割れば良いか。ガラスにお湯を注ぐと砕けますよね。それと同じで、石などを割るときも、熱を加えると弱い衝撃でも割れやすくなるということが知られていまして、炭と一緒に被熱した状態で出ていますので、この石棒は、火を加えてバラバラに破砕するという儀礼・まつりのスタイルを、関東の縄文時代中期の人

図３　忠生遺跡の石棒
（所蔵・写真提供：東京都町田市教育委員会）

たちはとっていたというのが見て取れます。同じようなことが縄文時代の後期にも続いていますし、晩期でいいますと、先ほど紹介した奈良県の橿原遺跡などでも、外側はこんがり赤く、内側はあまり火が通らず、ステーキでいうとレアな焼き具合の石棒が見つかっています。ですから、東の火を使う儀礼というのが、西日本でも導入されていたのです。

あるいは、小型の複雑な文様を持つ石棒というのもたくさんあります。最後の銅鐸の話で文様の問題が出てきますので、こういう文様を持っている石棒類も西日本にあるということを少しだけ覚えておいていただければと思います。

さて、交流の話をしました。私が交流の話で重要だと思っているのは、特に日本海沿岸の縄文時代後期、まさに最初に紹介しました島根県の下山遺跡の土偶が広がる時期です。このころ翡翠という玉の石材が日本海沿岸の広域に広がるということが知られています。

糸魚川、富山県・石川県の県境の辺りでとれる翡翠は非常に硬い石材で、加工するのは大変なのですが、この貴重品が一番北は北海道日本海側の礼文島で、お墓から見つかっています。一番西はというと、同じく長方形で穴が開いているものが、福岡県の北九州市の隣にあります芦屋町というところでも見つかっております。北海道から福岡という、日本海の非常に広い範囲で貴重な玉が動いているのが見て取れます。

このような事実をふまえて考えると、日本海沿岸というのは、やはり海を介した遠距離間の交流が非常に重要であったと考えられます。特に日本海沿岸の要所要所には潟という地形が発達していますので、そういった場所は船を着けやすいので、かなり活発な交流が可能であり、東と西、北と南の交流があったということが見て取れるかと思います。そして、この日本海の沿岸というのは、次の弥生時代を考える上では、朝鮮半島・大陸との直接交流が可能な地域であるということが、重要になってくるのです。その辺りを年頭に、次の弥生時代の話に移っていきたいと思います。

二、東の文化と西の青銅器が出会うところ

こういった東日本系譜の儀礼というのが、実はちょうど弥生時代、日本列島で水田稲作が始まるころの西日本にも見て取れます。特に今日のテーマのヤマトを中心とした、太平洋沿岸のエリアに目立つ現象を次に紹介していきたいと思います。

まず、先ほど見た屈折像土偶とほぼ同じ仲間なのですが、縄文時代の終わりから弥生時代の始まりにかけて、少しバリエーションの違う屈折像土偶があります。

このタイプの屈折像土偶には共通する二つの特徴があります。まず、両腕が伸びて、膝頭に相当する場所につながっている。あたかも正座をしているような姿勢でつながっている。もう一つ、図4の青森県むつ市で見つかった二枚橋遺跡の土偶でいうと、膝下、脚部の表現を省略してしまっている点です。折れているわけではないのです。この先は表現されておりません。ですから、脚部を省略している土偶というものが縄文時代の終わりの東北で使われていたということがわかっています。しだいに手抜きをしているようなのです。先ほど紹介した東北地方の屈折像土偶の最終タイプというように言えばわかりやすいでしょうか。

図４　二枚橋遺跡の土偶
（所蔵・写真提供：むつ市教育委員会）

この最終タイプの影響を受けた資料というのが、東北地方から遠く離れた滋賀県守山市の赤野井浜遺跡というところから出土しています（図5）。脚部の表現は非常に省略されており、両膝頭の上ぐらいに、粘土が剥がれた痕跡があるのです。すなわち、この滋賀県の赤野井浜遺跡の土偶は、足が省略されていて、かつ膝上に手が載っていたという点で先ほどの青森県二枚橋遺跡の土

図５　東日本､西日本の土偶
①二枚橋遺跡出土土偶　所蔵・写真提供：むつ市教育委員会
②赤野井浜遺跡出土土偶　所蔵・写真提供：滋賀県教育委員会埋蔵文化財センター
③長原遺跡出土土偶　所蔵：大阪市教育委員会、保管：一般財団法人大阪市文化財協会、著者撮影

偶と同じということが、粘土の剥がれ方などを見ると推定できるわけです。

それを前提に、大阪府東大阪市の宮ノ下遺跡で出ている土偶と比べると、やはりこれも足は省略されてしまっているのですが、腕が脚のほうにつながっているので、やはり赤野井浜遺跡の屈折像土偶から影響を受けて製作されたと考えられます。このような東北に起源をもつ屈折像土偶の最後のタイプが、まさに米づくり、水田稲作が始まるときの大阪湾沿岸、これは大体愛知県から滋賀・大阪に広がっている長原タイプ土偶と呼ばれる土偶なのです。このような考え方を考古学では型式学というのですけれども、細かい話は今日は省きます。

このように北日本、東北のものから近畿のものへとデザインが変遷しているということが資料を見ていくと分かってきました。
　すなわち、教科書などでは朝鮮半島から九州に水田稲作をはじめとする新しい技術が伝わり、それが近畿・東海・関東・東北という順に、西から東へと新しい技術・文化、あるいは渡来人が移動して、どんどん北上していったということを強調しているのですが、まさにそのとき、逆方向の東から西への影響があるのも事実なのです。この土偶のデザインの変遷などを見ていくと、最初に紹介しました縄文時代後期以来の東から西への動きというのが、とくに精神文化、儀礼の側面では弥生時代がはじまっても継続していたのではないかということを伺わせる資料になってくるわけです。

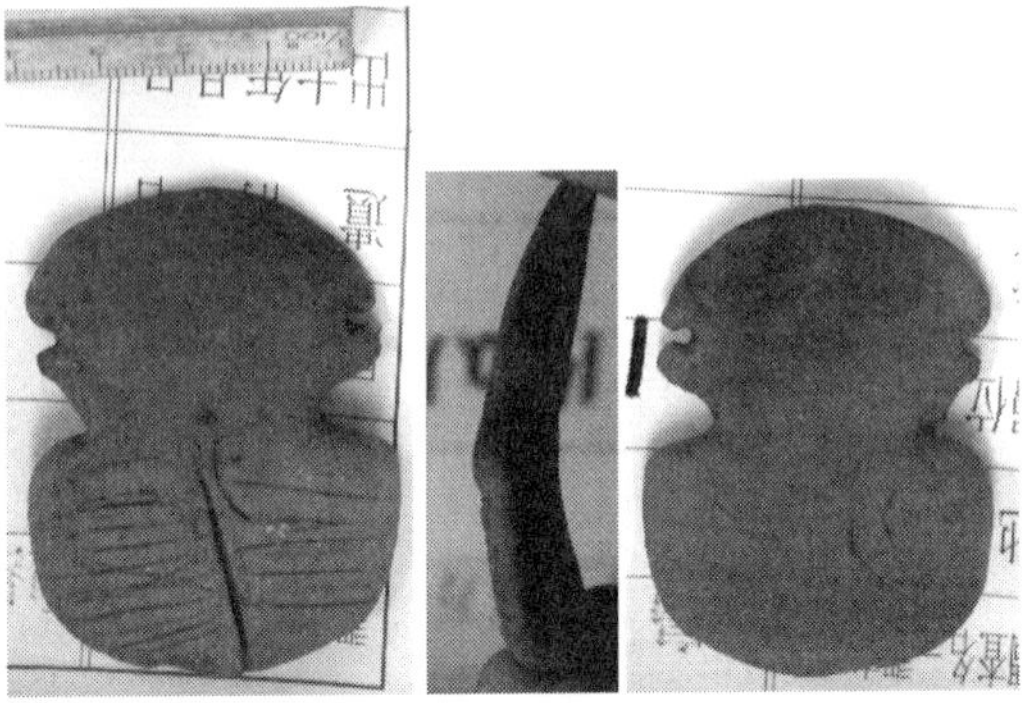

図６　池島・福万寺遺跡出土土版
（所蔵：大阪府教育委員会、著者撮影）

　実は、この土偶の系統というのは、もう少し続いているようでして、土版という、板状になった土偶の仲間の継続も見て取れます（図６）。水田稲作が始まっている青森県弘前市の砂沢遺跡の土版と同じ紋様をもつものが、大阪府八尾市・東大阪市の池島・福万寺遺跡という水田を行いだした時期の遺跡から出ています。こういう四角いタブレット状のものが、さらに西の兵庫県や四国にも認められます。こういった板状の土製品が祖型になって、分銅形土製品という顔面や人体を表現した土製品が登場するのではないかという意見が、何人かの研究者によってすでに指摘されています。分銅形土製品は、岡山県に非常に多く認められますが、瀬戸内海沿岸の山口県や広島県、そして対岸の愛媛県、もちろん島根県や鳥取県にもみられます。

分銅形土製品は弥生時代中期、後期までみられますから、土偶の仲間というのは弥生時代後期まで継続しているという言い方もできるかもしれません。

次に弥生時代の石棒について考えてみましょう。弥生時代の最初、特に大阪湾沿岸、畿内、今日のテーマであるヤマトの範囲を含めてですけれども、初期の弥生の村では石棒を用いた儀礼があったことが分かっております。その中でも面白いのは、大阪府八尾市の田井中遺跡です。ここでは新しい集落スタイルである環濠集落を採用していたことが分かっているのですが、その環濠の中から石棒と、それから先ほどの屈折像土偶の成れの果ての土偶が見つかっているのです。石棒と土偶を使う弥生の村があったのです。

兵庫県神戸市の大開《だいかい》遺跡も重要です。この遺跡は、近畿地方では弥生時代の一番古い環濠集落がほぼ完掘された稀有な事例です。直径が五〇～六〇メートルぐらいの環濠が見つかっていて、その内側からは、竪穴住居や貯蔵穴が見つかっています。それらの埋土の中から、たくさんの石棒が見つかっているのです。

中でも、私は石棒の出土状況に注目しています。それは貯蔵穴の埋土の中から、石棒と土器がバラバラにされた状態で、炭に混じった状態で見つかっている例です。これは弥生時代の石棒としては一番大きなもので、復元したら七〇センチ以上になった石棒が見つかっています。このような石棒の扱い方、見覚えがないでしょうか。

そうです。さきほど紹介した東京都町田市の忠生遺跡では、大きな石棒が被熱してバラバラになっているという話をしましたが、縄文時代中期中葉の関東の村で最初に見られるような石棒の扱い方、儀礼の仕方というのが、何と近畿地方の弥生時代の環濠集落、一番古い環濠集落の村でもみられるのです。

それだけではありません。この石棒がバラバラになっている中には、大きな壺や甕が見つかっています。最も大きな壺は高さが六七センチ。弥生時代特有の大壺です。これは弥生時代に入って西から伝わった新しい形の土器ですので、確実に西に起源を持つものです。このような西の起源のものと東の起源の石棒というのが、おそらく同じ場面で被熱して、壊されて埋められているということを見ると、この環濠集落の中で行われている儀礼というのは、まさに東の儀礼と西のアイテムが融合している有様を見て取れるのではないでしょうか。

すなわち、最初にお話しした土偶、そして次に紹介した石棒のありかたからは、近畿地方、今日のテーマであるヤマトの範囲は、弥生時代の始まりにおいて、東日本の儀礼のアイテムを使ってマツリをするようなスタイルを採用していた場所なのだといえます。こういった状況は出雲、日本海沿岸、あるいは福岡県玄界灘、今の佐賀県では認められませんので、どうもこのころから西と東、出雲とヤマトというのは弥生時代の始まり以後違った歩みを始めているかなということが見て取れるかと思います。だからこそ、縄文時代を見なければ、弥生時代の地域差は説明できない。私はそのように考えております。

そして、これが次に紹介する弥生時代中期において、日本列島で金属器の生産が始まったときの地域の違いの理由を、一番分かりやすく説明できるのではないかと考えています。

青銅器というのは銅と錫と鉛の合金です。錫や鉛が混じることにより、融点が下がり、鉄よりも扱いやすいという特徴があります。すなわち、炉の温度がそれほど高くなくても青銅は加工できるので、人類の発展段階を石器時代、青銅器時代、鉄器時代と区分するのは、熱のコントロールという技術の点からも考えると理解しやすいのです。青銅という合金は使いやすいので、青銅器が最初によく使われて、その次には鉄器の時代が始まるということになります。

最新の研究でいうと、弥生時代中期、今から二五〇〇年ぐらい前になると、日本列島各地で金属を使う技術、金属器を加工する技術が登場することが分かってきています。発掘調査をすると、青銅器のこういう鋳型が見つかることによって青銅器の生産が始まったということを考古学的に知ることができるわけです。大陸に近い九州の北部でたくさん見つかっていますが、近畿地方でも兵庫県尼崎市の田能《たのう》遺跡や、時期が少し新しいですが、大阪府東大阪市の鬼虎川《きとらがわ》遺跡の事例があります。さらに後から述べるように古い銅鐸の鋳型が愛知県や京都府から出土しています。

一方で、この金属器というのは、直接的には朝鮮半島から伝わったもので、その古い製品はやはり北部九州、玄界灘沿岸で集中して見つかっています。中でも、福岡市早良区の吉武高木遺跡では限られたお墓の中から集中して青銅器が副葬されていました。先ほど紹介した翡翠の勾玉も副葬されており、この段階で剣、鏡、そして玉を副葬していたのです。とくに、吉武高木遺跡の三号木棺からは、剣と鏡と玉というセットが、弥生時代中期の初頭の段階で成立しているというのが見て取れるのです。この勾玉はおそらく糸魚川産と考えていますが、勾玉を除くと他の副葬品はいずれも朝鮮半島製だというように考えられています。朝鮮半島のほうがいち早く青銅器生産に着手しておりました。玄界灘沿岸、北部九州のエリアでは、朝鮮半島のエリートの墓と同じような品揃えが見つかり出している。そこには鏡や剣、そして装身具の玉などが含まれているということです。

このような傾向は北部九州ではどんどん強くなりまして、有名な佐賀県の吉野ケ里遺跡北墳丘墓では、墳丘墓のなかに埋置された中期後半段階の甕棺墓の中から集中してガラス管玉であったり、銅剣であったりというものが、副葬されていたのです。

これを説明すると、学生もよく勘違いしているのですけれども、「なるほど。玄界灘沿岸は朝鮮半島に近いので、このあたりの弥生時代の墓を掘ると、こういう青銅製の武器、当時のハイテクの最新の武器がどんどん見つかるな。弥生時代の中期には、こういうものを持っている人が、玄界灘沿岸にはたくさんいたのかな」というように思われがちなのですけれども、それは私は必ずしも正しくないと思っております。

なぜかというと、吉野ヶ里遺跡を例にして考えると、この遺跡では今までに二〇〇〇基くらい甕棺墓を中心としたお墓が掘られているのですが、その中で青銅器が見つかったお墓というのは、実はわずか一〇基なのです。すなわち、二〇〇〇分の一〇。ですから、生前にこれを持っていたかどうかというのは別なのですけれども、副葬したのは〇・五パーセント、二〇〇人に一人しか青銅器、こういった銅剣を持っていなかったといえます。そのほかの圧倒的多数、九九・五パーセントに関しては、少なくともお墓に副葬することは許されなかったのです。今風にいうと、圧倒的な格差社会が北部九州では成立していたのではないかと考えられるのです。金属器・青銅器というのは、一部の権力者が独占するような形で使っていたことが、今の吉野ヶ里遺跡の在り方から読み取れるわけです。

そして、一部の墓に貴重な青銅器を集中させるという社会のルールは、この時期の本州島では認められないのです。弥生時代中期、ちょうど金属器が普及し始めた段階では、近畿地方を含む西日本は、こういう状況にないと、私は考えております。

例えば打製石器の短剣などがヤマト・吉備・伊勢湾沿岸・神奈川・埼玉ぐらいまで見つかっています。弥生時代中期は金属が普及したと言いましたけれども、ヤマトを中心とした人々は、この石の打製石器というのが大好きだったのです。私も卒業論文以来やっている一番大好きなテーマなのですけれども、こういったものをつくり続けていました。この金属の剣の文化に対する石の剣の文化。九州とヤマトでは、こういう対になるような文化が存在したわけです。

このように青銅短剣に対して、石の短剣を愛好する文化があると強調すると、「やっぱり、玄界灘沿岸というのは大陸・半島に近いから、青銅器の素材がたくさん手に入って、技術も高いのに対して、そこから遠い近畿の人たちは素材があまり手に入らなかったから、本当は金属製の短剣がほしかったのだけれども、苦肉の策で、仕方なく石製の短剣を使っていたのかな」というように感じられた方もいると思いますが、実はこういう打製の短剣を使っていた地域の人々は、一方で非常に立派で大きな青銅器をつくっていたのです。

それが銅鐸です。打製の短剣を使っていた社会に属した人びとは、一方でこういう銅鐸というものをつくっていたのです。もちろん、先ほどの銅剣などもあったのですけれども、あまり目立ちません。なぜなら、副葬品として出土しないからです。墓から金属製の武器が見つかることというのは、実は本州では基本的にないのです。福岡県や佐賀県では、一部の権力者が銅剣や鉄剣を独占していたのですけれども、そういった様子は、本州島では弥生時代中期の段階では、まだ認められないのです。

では、銅鐸はどのように扱われていたのでしょうか。それは見つかる場所から推定できます。例えば、有名な神戸市の桜ヶ丘銅鐸ですけれども、六甲山麓中腹の、おそらく当時としても、ムラ外れの場所にひっそりと埋納した状況で見つかっています。貴重なはずの青銅器なのに、非常に奇妙な取扱いを受けていたのです。

すなわち、朝鮮半島に近い佐賀県や福岡県と、本州島の特にヤマトを中心としたエリアというのは、金属器に対して、全く異なる姿勢をとっていたということが分かっていただけるかと思います。

では、この銅鐸というのがなぜ生まれてきたかということを考えるのが大事になってくるのですが、銅鐸というのは一番古い高さ二〇センチ程度の銅鐸、そっけないデザインの菱環鈕《りょうかんちゅう》式銅鐸というものから、だんだん大きくなっていく。最後は弥生時代後期に製作された一メートルを超える高さの突線鈕式銅鐸になっていくことが知られています。

では、なぜヤマトをはじめとする列島中央部の人たちがこんなに銅鐸をたくさんつくったのかということを考えると、やはりこの古い菱環鈕式が生み出された理由を考えないとだめなのです。型式学的に一番古い菱環鈕式というのは、最近、兵庫県の淡路島で見つかった事例を含めても一二点。そのなかでも古いと言われているのは東博所蔵品三五五〇鐸と呼ばれているもの、みなさんもよくご存じの島根県出雲市の神庭荒神谷五号鐸、もう一つは淡路島で江戸時代に見つかったとされる中川原鐸です。

これら三点ともに共通しているのが、銅鐸を緊縛しているような横方向の帯状文様をめぐらすという点です。

もちろんこのような銅鐸の祖型は中国・朝鮮半島にあると考えられています。とくに朝鮮式小銅鐸や朝鮮式銅鈴と呼ばれる資料は祖型の最有力候補です。そして、先ほどの東博鐸と荒神谷五号鐸と中川原鐸などは、次の理由から日本列島でつくられた銅鐸だと考えられています。

この違いは一目瞭然ですよね。朝鮮半島系の銅鐸は文様がありません。日本列島のいわゆる銅鐸、初期の銅鐸には複雑な文様があります。ということは、単純に考えると、日本列島で最初に銅鐸をつくろうとした人たちは、何らかの目的で、祖型にはみられない文様をわざわざ、銅鐸に与えたわけです。ここに強い意志を感じます。つまり、文様を付けることによって、自分たちの青銅器、あるいは自分たちのマツリに使う道具だという思いがあったからこそ、オリジナルには乏しい文様を加えたのではないでしょうか。ですので、かれら、列島中央の人たちの銅鐸への思いを考えるヒントが、この文様には、あるのではないかと私は考えています。

事実、一番古い鋳型はどこで見つかっているかというと、実は列島中央部、愛知県名古屋市の朝日遺跡なのです。ヤマトよりもさらに東側です。非常に密な文様が施されているということが分かっています。それと並んで古い銅鐸の鋳型は、京都府向日市、淀川の中流域になりますけれども、鶏《か》冠《い》井《で》遺跡でも見つかっています。このように初期の銅鐸鋳型の分布を見ると、東寄りなのです。列島中央部という言い方をしたのは、こういう理由があるからです。

祖型に関しては、元々中国に、人体に付けることができるサイズの銅鈴、人鈴がありました。銅鐸と同じ形をしています。鈕《ちゅう》、身《み》、舌《ぜつ》と呼んでいる部分があって、この舌がこの中で動くことによって金属音が鳴るというのが銅鈴の役割です。朝鮮半島でもこういう使い方をしているというように考えられています。シャーマンみたいな人が袖に付けて動くと音が鳴る。あるいは腰にぶら下げているというイメージがもたれています。初期の銅鐸の大きさは一五～二〇センチくらいですので、辛うじて身に付けることができるサイズだということも言えるかもしれません。

図7　石棒と小銅鐸
①東奈良遺跡小銅鐸、舌　所蔵：茨木市立文化財資料館、著者撮影（銅鐸）
②牛牧遺跡出土石棒　所蔵・写真提供：公益財団法人愛知県教育・スポーツ振興財団　愛知県埋蔵文化財センター

実は、文様的に一番古い銅鐸だと言われているのが、大阪府茨木市の東奈良遺跡で見つかっています（図7）。この東奈良遺跡の初期銅鐸の文様を含めて、先ほど紹介した神庭荒神谷五号鐸、東博の三三〇五鐸、中川原鐸などに認められる文様の起源を、私は、縄文時代にあると考えています。

例えば、縄文時代晩期の石棒類の先端には横方向に連続する楕円形の文様が施されています（図7右）。東京大学の設楽先生は縄文土器をはじめとする縄文時代の文様を細かく検討され、縄文の系譜を引く北陸や東日本の土器に施された文様に初期銅鐸の文様系譜を求めることができるという考えを提案しておられます。私も、その意見に賛成です。

図7では銅鐸と石棒という、時期が全然違うものを並べておりますが、無関係に思われる右側の縄文系のお祭りの道具と、弥生時代の中期になって列島中央部でつくられだす銅鐸というアイテムは、このような理由で実はつながっていると、私は考えています。

三、文化・権力・社会――大和の選択

縄文時代後期から継続的に東から西へ精神文化の影響があったということを、土偶や石棒最後には銅鐸まで使って、ここまでみなさんにお話してきました。こういう解釈というのも、あながち荒唐無稽ではないなと、今日みなさんが思ってもらえれば、本日の私の意図するところは大体伝わったかなと思います。これが、ヤマトと呼ばれる地域を含む列島中央部において銅鐸が流行し、加茂岩倉を含めた出雲の地域にも銅鐸が流行した一つの理由だと考えています。

このように考えると、北部九州の青銅器とは違って、銅鐸が埋納され、あるいは極端に大きくなっていく理由も説明しやすいのです。銅鐸を大きくするということは、常に

身に付けることができないですよね。一〇〜二〇センチなら腰紐などにぶら下げていても良いのですが、日本の銅鐸は四〇〜五〇センチ、重さは一〇〜二〇キロですから、これでは、さすがに身につけられないということです。

もう一つは、基本的に完形の銅鐸は、島根県の加茂岩倉や神庭荒神谷のように埋納という状況でしか出土しません。個人の副葬品として、銅鐸は見つからないのです。すなわち、身に付けることもできない大きさだし、お墓にも入れることもしていないということで、特定の個人の権力と結び付く青銅器として扱われていないのです。その理由は、かれらがそのような青銅器をつくることを避けたからです。ですので、そこに採用された文様も、前段階の平等志向であった縄文時代由来の文様を使って当然なのです。つまり、銅鐸は、階層化が進展していた東アジア世界のなかで、なんとかかつての社会原理を、維持しようとした人びとによって創出された独自の青銅器であると、私は考えているわけです。

神庭荒神谷では大型化した銅矛も出ていますが、実用的な武器ではない武器形の青銅器が出現する背景についても、東由来の変化だと思っております。

弥生時代中期まではこのように、出雲の人たちの考え方というのは、どちらかというとヤマト寄りでしょう。権力者、一部のエリートが、金属器を独占する玄界灘沿岸のやり方ではなく、ヤマト寄りだったのですけれども、弥生時代後期になると、出雲地域の人びとは、早々にヤマト寄りの社会戦略から離脱します。少数のエリートに富を集約させる社会へと変化していくのです。

弥生時代後期になると、玄界灘沿岸とはまた違った姿の、日本海沿岸の権力者のそれを墓制を通して確認することができます。例えば、島根県出雲市の西谷墳墓群です。ここには赤い顔料と装身具、鉄剣を副葬した人物が登場しています。

あるいは、マウンドの形は違いますが、岡山県倉敷市の楯築《たてつき》墳丘墓でも、赤い顔料と装身具、鉄剣が副葬された人物が眠っていました。

これらの墓には特殊器台と呼ばれる、お供えものの入った壺を乗せるための器台が発達し、飾りがすごくて、大きくなったものというのもみつかっています。これが、いわゆる埴輪、古墳時代の円筒埴輪の起源であるということが分かっております。

さらに、この山陰地方の四隅突出形の墳丘墓が、日本海沿岸の、これは経済交流を介して、非常に飛び地的に伝播していくことが分かっています。この四隅突出墓の形が北陸にまで広がっているのです。

図8だと飛ばされている形になってはいますけれども、真ん中の北近畿、丹後半島でも、四角いマウンドに、赤い顔料と装身具、そして、やはり鉄剣が副葬された墓制が出現しています。弥生時代後期の日本海沿岸というのは、出雲が発信地の一つだと思いますけれども、四隅突出墓がどんどん東へ東へと権力者の四角い墓をどんどん営むようになってくる。これが弥生時代後期から終末期という弥生時代の最終段階に認められるわけです。

では、そのころ、ヤマトを中心とした人々は、どういったお墓、あるいはどういった社会戦略をとってきたのかといいますと、相も変わらず巨大な銅鐸をつくり続けていたのです。引き続き大きな墳丘墓や豊富な副葬品をもつ墓は見つかりません。巨大な墳丘墓は弥生の終末期と呼んでいる段階でようやく出てくるのですが、非常に遅いといえます。すなわち、ヤマトという空間は、墳墓文化という考古学的基準から判断するかぎり権力形成が東海以東では一番遅かったエリアなのです。もちろん銅鐸を入手していたので、製造に必要な青銅素材を集めたり、技術者を編成できた、あるいはそういった人びとと交渉するだけの財を蓄えることができた集団は存在していたでしょうから、このような主体も一種の権力者だという解釈もできるかもしれません。しかし、当時の中国や

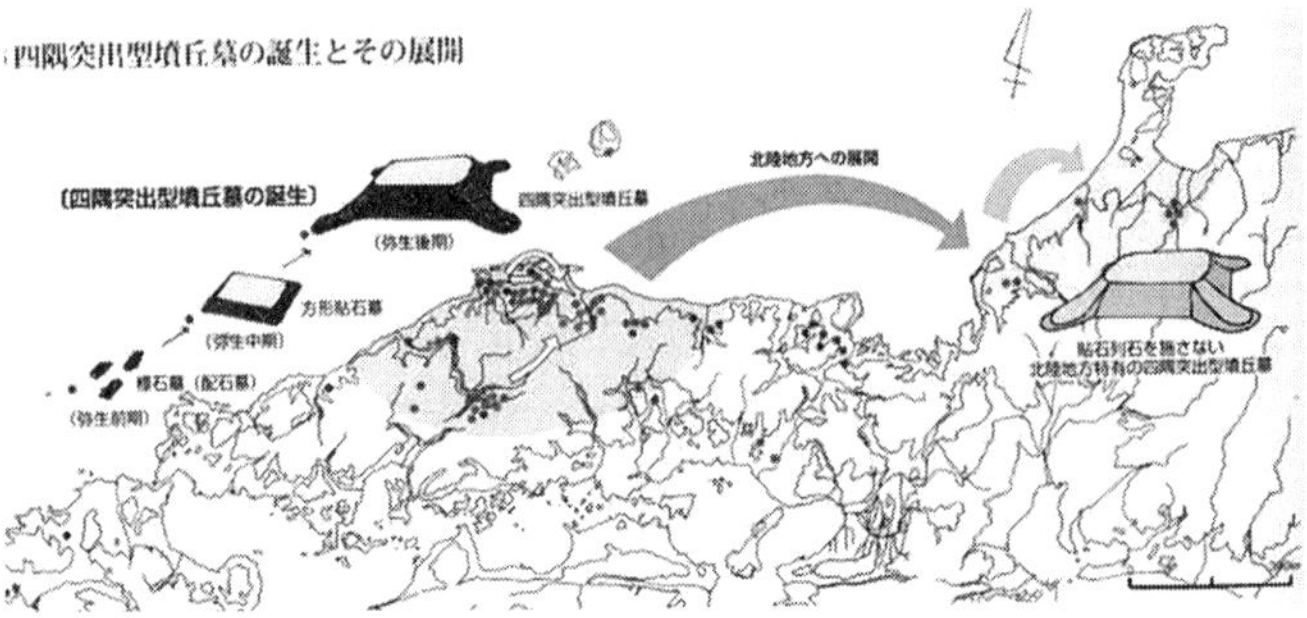

図８　四隅突出型墳丘墓の形成と展開

朝鮮半島にみることができるエリートとは、鉄製武器をはじめとする貴重な武器や装身具を独占し、墳墓を営むような人びとでしたから、そのような人物の存在を考古学的には弥生時代後期のヤマトを中心とした地域において、まだみいだすことはできてはいないのです。

それにも関わらず、その数十年後には、箸墓古墳のような、二八〇メートルという巨大な、それまでのスケールを遥かに上回るような前方後円墳が出現し、このデザインが九州から、東北の南部まで、宮城県や福島県、山形県にまで広がるということが分かっています。なぜでしょうか。

なぜ今まで一番権力の形成が遅れていた奈良盆地、ヤマトの地に巨大な前方後円墳が突如、出現して、それが全国的に広がっていくのでしょうか。これに関しては、まだまだ謎が多いのですけれども、今の段階で、私は次のように考えております。

それは、ヤマトを中心とした地で継続していた、あえて言い方を「伝統的」という言葉を使いますが、銅鐸に代表されるアイテムをもちいた「伝統的」な儀礼の存在こそが、日本列島の東、東北地方を含む東の人たちにとって受け入れやすいマツリ、儀礼のスタイルだったからではないでしょうか。なぜなら、ヤマトのその儀礼というのは、縄文時代以来、土偶を受け入れたり、熱で石棒を破砕するような儀礼を採用したもともとは東日本由来儀礼を吸収して形成されたものだったからです。このような基層をもつ祖霊の儀礼に吉備地方の器台に起源をもつ円筒埴輪や、山陰地方の貼石に起源をもつ葺石、あるいは北部九州のエリートたちが好んでいた鏡の副葬など、西日本各地のスタイルを採用して、誕生したのが前方後円墳という巨大な葬礼空間なのではないでしょうか。このようにみていくと、前方後円墳という新しい墓制のスタイルには、奈良盆地のオリジナルの要素はほとんど見当たらないのです。

つまり、実は奈良盆地で成立しているように見える箸墓古墳をはじめとする初期の巨大な前方後円墳の葬制というのは、ほとんど全部外から入ってきた要素が、何らかの意思を持って結び付けられて、はじめて創出できたものなのです。この吸収して新しいものをつくりだすという儀礼の形があったからこそ、西日本各地の権力者も、あるいはこういったお墓の儀礼とほとんど無関係であり、十分な階層化をなしとげていなかった東北地方の人たちも、何らかの形で自分たちの出身地、故郷の伝統をこの儀礼に見出すことができたのではないでしょうか。雑多な儀礼の要素をとりまとめることができた「宗教的」な力については、『魏志倭人伝』上の卑弥呼の鬼道であったり、そういう話になるかもしれませんが、私はよくわかりません。その辺りは次回、東海大学の北條先生が、より豊かな世界観で説明していただけると思います（本書第3部、一七五～二〇八頁）ので、私の話はこれで終了とさせていただきます。長時間のご清聴、どうもありがとうございました。

山陰文化ライブラリー
17

古代《こだい》出雲《いずも》ゼミナールⅦ
―古代《こだい》文化《ぶんか》連続《れんぞく》講座《こうざ》記録集《きろくしゅう》―

二〇二一年二月二十六日　初版発行

刊行　島根県・島根県教育委員会

編集　島根県古代文化センター

販売　ハーベスト出版
〒六九〇―〇一三三
島根県松江市東長江町九〇二―五九
TEL 〇八五二―三六―九〇五九
FAX 〇八五二―三六―五八八九

印刷・製本　株式会社谷口印刷

定価はカバーに表示してあります。
落丁本、乱丁本はお取替えいたします。

Printed in Japan
ISBN978-4-86456-371-0 C0021

「山陰文化ライブラリー」刊行のことば

人類は言語をもち、文字をもち、思考と記憶の伝達手段を手に入れて発達を遂げてきました。そして紙を発明し、約五百五十年前には活版印刷を発明し、知識の伝達は飛躍的に増大しました。

近年では、インターネットなど電子的メディアが急速に進歩し、これらは人類にとってさらに大きな恩恵をもたらしています。しかし、これら新しい情報伝達手段は、従来の方法にとってかわるものではなくて、むしろ選択肢を増やしたというべきです。紙の本は、依然として欠くことのできない媒体であることには変わりがありません。

人が住む地域それぞれには、アイデンティティがあり生活や文化、歴史が存在します。山陰にもこの地域ならではの生活や文化、歴史が存在します。この連綿とした人々の営みを書物という媒体に託して伝えていきたい。このシリーズの刊行にあたり、この地域を愛し、この地域のことを知りたいと思う読者に末永く愛されることを願ってやみません。

平成二三年十月一日

谷口博則